２０１９年中小企業白書によれば、**約３５７万社の中小企業が国内にありますが、その大半の経営者が、銀行融資がうまくいかずに悩んでいます。**

書店に行けば、中小企業向けの「銀行融資本」が何冊も並んでいます。なぜ、これだけの「銀行融資本」があるのに、中小企業経営者はいまだに銀行融資で悩んでいるのでしょうか。

それは、**銀行融資のノウハウが、経営者それぞれの個別の事情に配慮して説明されていない**からです。

どんな経営状態か、どんな性格の社長であるかによっても、融資を引き出す方法は異なります。言われれば当たり前と思うでしょう。

「こうやればうまくいく」という情緒的な戦術レベルでは、実際の融資交渉には通じません。コツをいくつか知っていたとしても、実際の交渉で使いこなすのは困難です。

それが、巷の「銀行融資本」で解説される方法論の低い再現性につながっているのです。

悩みを解決するためには、自社と銀行との個別の関係性まで踏まえて考えることが必要です。

銀行融資には**「戦略」が不可欠**なのです。

その上で経営者をタイプ別に分類し、タイプに応じた具体的行動を詳しく、かつわかりやすく説明する必要があります。

本書では、**経営者にファンが多い、「孫子の兵法」の例えを使うことで、「どこかで聞いたことがある」と親近感を感じつつ、ストレスなく「戦略」が理解できるように工夫しました。**

①社長のタイプをマトリクスで6つに分類し、②各タイプの特徴とそれに応じた注意点やとるべき具体的行動を、③悪事例や好事例を示しながら、タイプ別に示していく本としました。

本書により、銀行融資に悩む中小企業の経営者が減り、銀行を会社経営の味方につけて会社経営に取り組む日本の中小企業が増えることを期待します。

最終的には日本経済、さらには世界経済が成長発展していくことを切に願っています。

【目　次】

まえがき――1

第一章　〈心構え篇〉銀行に会う前から勝負は決まっている

1 賢明な経営者はイメージを明確にしてから銀行に行く――12
2 銀行目線を持てば預金を引き出すように融資を引き出せる――17
3 準備は短期間で労力をかけ過ぎない――21
4 融資相談にも良策と愚策がある――26
5 融資の成功率を最大化する3つの要素――32
6 成功の確率がぐっと上がる融資交渉のセオリーとアレンジ――37

7 自社の弱みをさらけ出す正直さが「誠実」という武器になる 45
8 フットワーク軽く、欲を見せず、熱を伝え、堂々と交渉する 50

第二章

〈考え方篇〉相手を知り自分を知れば、100回の融資でも引き出せる

まず「相手（銀行）を知る」――融資審査の8つのポイント 56
1 業績財務――現在の会社の体力や儲けで返済できるかどうかを確認する 59
2 事業計画――未来の会社の体力や儲けで返済できるかどうかを確認する 62
3 資金使途――融資資金が目的と違うものに使われないかどうかを確認する 66
4 融資条件――業績を踏まえた条件で返済できるかどうかを確認する 70

⑤ 返済計画――現在および未来の会社の業績財務で返済できるかどうかを確認する――74
⑥ 資金繰り――キャッシュフローで返済できるかどうかを確認する――79
⑦ 経営者(定性評価)――最悪の事態でも返済可能かどうかを確認する――85
⑧ 銀行取引――取引拡大や情報開示の姿勢、他行との取引バランスを確認する――90

そして「己れを知る」――性格と業績で経営者のタイプが決まる――96
① 君主タイプ――俯瞰の視野で企業分析ができ、いざという時には大胆な経営の舵取りができる――100
② 軍師タイプ――財務分析に長け、事業経営を論理的に進める一方で行動力に乏しく組織の先導が苦手――102
③ 将軍タイプ――リスクを気にせず斬新な視点で事業を変革業績安定より新たなチャンスを志向――104
④ 武官タイプ――財務体質の強化よりも、とにかく売上増加に動く気合と根性と努力で活動する――106

5 文官タイプ――従来のやり方を尊重し、リスクにも敏感
冒険を好まず安定的経営を志向する――108
6 平民タイプ――あらゆる経営リスクを考える慎重派
慎重過ぎて具体的行動に移せない――110

第三章 〈具体的方法篇〉戦わずに融資されやすい状況をつくる行動プラン

1 君主タイプの行動プラン――114
2 軍師タイプの行動プラン――124
3 将軍タイプの行動プラン――136
4 武官タイプの行動プラン――149
5 文官タイプの行動プラン――160
6 平民タイプの行動プラン――173

第四章

〈定着篇〉絶対失敗しない銀行との付き合い方

① 取引を拡大したい会社、拡大したくない会社 186
② 借りれらるサイン、借りられないサイン 194
③ 「社員に対する愛情」と「業績」、その密なる関係 200
④ 誰も教えてくれない、交渉の攻め時と引き際 206
⑤ 同業他社との協力なくして会社の成長はない 212
⑥ 銀行融資は申込みのタイミングが9割 218
⑦ 時間と労力をかけたリサーチこそ融資成功の近道 224
⑧ 優れた経営者は銀行側のリスクも考える 230

⑨ いくら頼まれても、必要のない資金は借りるべからず　235
⑩ 誠意と信頼なくして融資の成功はない　240
あとがき　246

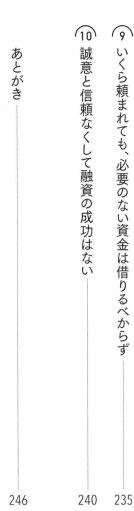

第一章

心構え篇

銀行に会う前から勝負は決まっている

1 賢明な経営者はイメージを明確にしてから銀行に行く

［孫子の言葉］
「この故《ゆえ》に勝兵《しょうへい》は先《ま》ず勝《か》ちて而《しか》る後《のち》に戦《たたか》いを求《もと》め、敗兵《はいへい》は先《ま》ず戦《たたか》いて而《しか》る後《のち》に勝《か》ちを求《もと》む」

まず結論から言いましょう。

「銀行融資は、事前に融資に成功したイメージを、どれだけリアルに、かつ具体的に持てるか」で決まります。この**「事前に」**というのがポイントです。**銀行に融資相談をする前に、融資の成功も失敗も決まっている**のです。つまり、融資を受けることに失敗するのは、準備不足が原因です。こう言うと、必ず「いや、自分はしっかりと準備をしたのに失敗した」という人がいます。一生懸命準備したのに融資がおりない。悔しい気持ちはわかります。しかし、それでもやはり、原因は準備不足なのです。

なぜならそれは、「**自社の都合だけしか考えていない準備**」だからです。私は過去約30年、１０００件の融資の相談を受けてきましたから、これは確信をもって言えることです。そして、その理由は大きく分けると２つあります。

ひとつ目は、早く融資を受けなければならず、時間的に切迫していること。

そもそも時間が足りなければ、自社の都合だけで頭がいっぱいになってしまうのも無理はありません。銀行の立場や、予想される反応を踏まえて、充実した準備などできるはずもありませんね。

融資は「必要かな？」と感じる前から準備を始めるものです。十分な時間をもって備えることで、自社の都合だけでなく、銀行側の都合も考える余裕が出てくるのです。言われてみればとても単純な話ですが、だからこそ、多くの人が見落としがちなことでもあります。これが、戦わずして勝つための第一の心得と言えるでしょう。

2つ目の理由は、そもそも相手（銀行側）の立場をわかっていない、ということ。

実は、「困っている中小企業の社長のために何とか融資をしてあげたい」と考えている銀行マンは意外と多く、融資ができずに悔しがっていることもしばしばなのです。

なぜそんな、お互いが望まない残念な結果になってしまうかといえば、「銀行側の立場」に立てばよくわかります。

具体的にお伝えしましょう。

まずは、**「プレゼン内容がよくわからない」**ケースです。

融資相談する経営者自身が**融資の全体像がイメージできていない**場合と言い換えてもいいでしょう。これができていない場合、いくら銀行マンが貸したいと思っても融資は難しい。銀行マンもサラリーマン。上司に説明が必要ですし、稟議《りんぎ》書を作る必要もあります。その材料がなければ融資できる道理がありません。

次によく見かけるのは、**「銀行への伝え方が上手ではない」**ケースです。

この場合の解決策はシンプルです。銀行マンが理解しやすい、ポイントを外さないプレゼンをすればいいのです。融資相談に長けた経営者になると、**「銀行の目線」**を踏まえた説明を簡潔にするので、銀行マンはヒアリングシートをそのまま融資稟議書にすることができるほどです。この「銀行の目線」は大事なところなので、後ほど第2章でも詳しく説明します。

他にも**「必要書類が用意されていない」**ケースや、**「理論的説明がなく、ただ感情的に訴えてくる」**ケースなどがあります。

ここではあまり詳しくお伝えしませんが、要するに「銀行側の立場」をわかっていないのです。**すべてに共通して言えることは「事前準備不足」のひと言に尽きます。**

銀行マンの置かれた立場をイメージして、具体的に融資内容を把握し、わかりやすい伝え方で、必要書類を用意し、情だけでなく理論的にも準備しておくこと。

これが、私が言うところの、「事前に準備できている」中身です。

まさに孫子の言う**「この故に勝兵は先ず勝ちて而る後に戦いを求め、敗兵は先ず戦いて而る後に勝ちを求む」**なのです。

勝利の軍は開戦前に万全の準備をして戦を始めますが、敗軍はろくな準備もせずに戦いを挑むゆえに敗れるのです。

経営者の皆さんには「融資を受ける前にすでに勝っている」側に、ぜひ回っていただきたいと思います。

ポイント

銀行融資は、事前に融資に成功したイメージを、「どれだけリアルに、かつ具体的に持てるか」で決まる。

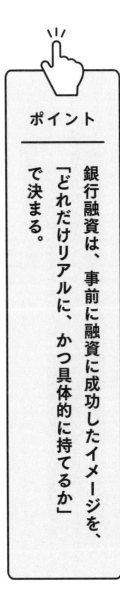

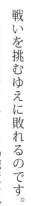

2 「銀行目線」を持てば預金を引き出すように融資を引き出せる

［孫子の言葉］
「善《よ》く戦《たたか》う者《もの》は、勝《か》ち易《やす》きに勝《か》つ者《もの》なり」

さて、前節では、「事前にイメージをリアルに、具体的に持っておくことの大切さ」についてお伝えしました。ここでは、そこからさらに一歩進んで、「より確実に融資を引き出す心構え」について、お伝えしていきましょう。

その心構えとは、ズバリ**「先読みすること」**です。事前準備をしたら次は交渉です。

交渉には段階があり、流れがあります。

具体的に言うと「融資稟議書」の項目に沿った準備が「先読み」につながります。

銀行融資の決定プロセスをまとめると下図のようになります。

融資稟議書は、銀行マンが社長からヒアリングした各種情報により作成されます。相手が聞いてくるポイントを事前に把握した上でプレゼンをすれば、融資成功率も格段に高まります。

詳細は2章で述べますが、ここではざっくりと融資稟議書のポイント、銀行側の目線を知っておいてください。具体的には以下の8項目です。

銀行融資の決定プロセス

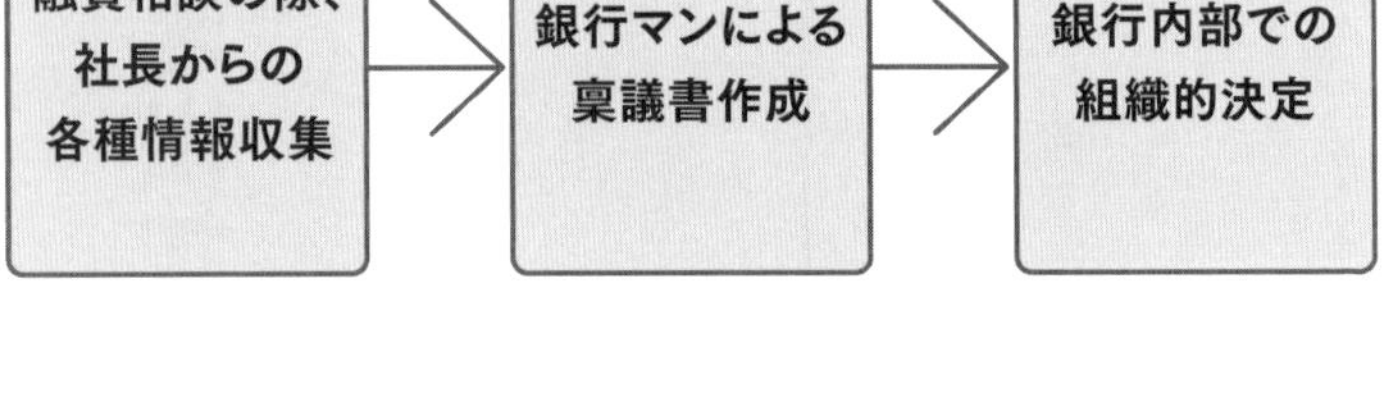
融資相談の際、社長からの各種情報収集

融資稟議書で銀行がチェックする8項目

①現在の会社の体力や儲けで融資返済ができるか（業績財務）
②未来の会社の体力や儲けで融資返済ができるか（事業計画）
③融資資金が別に使われ返済できなくならないか（資金使途）
④会社の業績を踏まえ返済可能な融資条件か（融資条件）
⑤現在および未来の業績財務で返済ができるか（返済計画）
⑥事業による資金の流れの中で返済できるか（資金繰り）
⑦最悪の事態でも乗り切れる経営者の資質はあるか（経営者）
⑧今後の取引展望、銀行への情報開示姿勢はどうか（銀行取引）

銀行によって多少言い回しは違うかもしれませんが、この8つのポイントをクリアできれば、融資は必ず受けることができます。逆にクリアできなければ融資は難しくなります。

戦い上手な者は、絶対負けない条件を整えた上で、敗れる定めの敵にさえ勝っている。

つまり孫子の言う、**「善く戦うものは、勝ち易きに勝つ者なり」**なのです。

チェック項目が多くて難しそう、と思われた方もいるでしょう。でも大丈夫。次章でさらにわかりやすく説明します。安心して読み進めてください。

ポイント

「融資稟議書」の項目に沿って「先読み」すれば、準備の完成度が上がり、融資のハードルが下がるという一石二鳥の効果が得られる。

3 準備は短期間で労力をかけ過ぎない

［孫子の言葉］
「兵《へい》は勝《か》つことを貴《たっと》び、久《ひさ》しきを貴《たっと》ばず」

事前準備は、「時間をかけずに最小限の負担」でできるようにすることが重要です。いくら事前準備が大切であると言っても、時間や労力をかけ過ぎるのはおすすめできません。**目的は銀行融資の成功であり、完璧な事前準備をすることではない**からです。

孫子は、**「兵《へい》は拙速《せっそく》を聞く」**とも明示しています。戦争は短期決戦が重要だという意味です。銀行融資も同じです。時間をかけずに効率的に準備していくことが重要です。

事前準備に時間や労力をかけ過ぎてはいけない理由は、2つあります。

ひとつは**融資が間に合わないリスク**、もうひとつは**マンパワー減少のリスク**です。

具体的に見ていきましょう。

まずひとつめです。通常、資金が必要になるタイミングは切迫しています。いくら事前準備が大切だからといって必要以上に時間をかけ過ぎてしまうと、必要なタイミングに融資が間に合わない、という本末転倒の結果になる恐れがあります。

2つめは、融資相談の事前準備に、中小企業の限られた人員を必要以上に充《あ》てると、経営に悪影響を及ぼす恐れがあるということです。

時間や労力をかけ過ぎずにポイントをついた事前準備とは、「銀行の目線」で準備することに他なりません。

孫子も**「兵は勝つことを貴び、久しきを貴ばず」**と明示し、時間をかけずに戦に勝つことの重要性を説いています。**戦に時間をかければかけるほど、兵隊の集中力も途切れ、無駄な動きが増え、結果的に戦に勝つという目的が遠のきます**。

効率的な方法で集中的に対応することが、ものごとを成就できる秘訣だと、孫子は私たちに教えているです。

もう少し詳しく説明しましょう。

そもそも、融資相談の事前準備に時間がかかるのはなぜでしょうか。要因は2つ。自社に起因するものと銀行に起因するものです。順番に見ていきましょう。

①**自社に起因する要因**は、ズバリ融資のイメージができていない、ということ。具体的には、資金がいくら必要か、いつまでに必要か、どのような資金なのか、返済はどうするのか……といったイメージです。これなくして準備も何もありません。

②**銀行に起因する要因**とは、経営者が融資審査の考え方を知らないために、事前準備がいつまでたっても整わないということです。

ここで、事前準備に時間をかけ過ぎた失敗事例を見てください。

ケーススタディー

事前準備に時間をかけ過ぎて融資に失敗

Aさんは、学校や役所など公共施設に塗料を塗る会社の社長です。公共工事は、総じて役所からの支払が遅く、資金繰りを圧迫するため、銀行から融資を受けるのが通常です。

Aさんはある公共工事受注の際、銀行融資を計画し、融資相談の事前準備をしていました。実はネックがひとつあり、数日前に銀行から、「最近借入金が増えてきており、今後どうするか教えてほしい」と言われていました。

銀行からの宿題である、「今後の借入方針」を考えると、事前準備は思うように進みませんでした。一方で、下請工事業者への支払期限は、着実に近づいてきます。「このままではまずい！」とAさんは悩んだあげく、銀行の担当者にざっくばらんに相談しました。銀行はすぐに融資検討の準備に入りました。しかし、「時すでに遅し」でした。銀行で融資検討する時間すら満足にない状況だったのです。結局、Aさんは、長年の取引がある下請業者に支払の延期をお願いし、事なきを得ました。

それ以降、Aさんは、融資の事前準備をする際には、時間をかけ過ぎないように努めています。時間に余裕があれば、銀行と一緒になってさまざまな手段を考えることができるからです。

「社長の目線」だけで準備するのでは、どうしても時間がかかってしまいます。だからポイントを押さえた「銀行の目線」に沿った準備が大切なのです。

ポイント

銀行融資の事前準備は、時間と労力をかけ過ぎずに最小限の負担で対応する。

4 融資相談にも良策と愚策がある

［孫子の言葉］

「およそ兵《へい》を用《もち》うるの法《ほう》は、国《くに》を全《まっと》うするを上《じょう》となし、国《くに》を破《やぶ》るはこれに次《つ》ぐ」

事前準備を済ませ、いざ銀行に融資相談に行きました。そこで予想外に、銀行マンが融資を渋る反応を示したとしましょう。さてどうしたらいいでしょうか。

半沢直樹ではありませんが、語気を強めて対抗するか、泣きつくか、2択しかないと考える経営者が実際多いように思います。

結論から言うと、

「銀行融資は、銀行マンが融資をしやすい環境を整える」

ことが大切です。

融資をしやすい環境とは、まさに「銀行の目線」に沿った融資案件にすることと同義。つまり、前述した**【融資稟議書で銀行がチェックしてくる8項目】**（P19）**に沿った融資案件**にすればいいのです。

銀行が融資を渋る場合は、融資がしやすい環境にないこと、すなわち「銀行の目線」に沿った融資案件ではないのだと認識してください。その上で8項目に従って、融資しにくい理由は何かを分析してみましょう。

【銀行が融資を渋る要因】

銀行が融資を渋る要因と解決策を例示します。

☑**業績財務がよくない場合**

☑**事業計画が弱い場合**

↓事業計画で、来期以降の業績財務の改善見込みを示す。

↓売上と利益を中心に、数字の根拠を詳細に示す。

☑返済計画が疑わしい場合

↓返済に充当できる資金（運転資金なら当期利益＋減価償却費、設備資金なら設備によって生じる収益など）を再検討する。

☑資金繰りが疑わしい場合

↓資金の入出金タイミングとその金額を精緻に再確認する（利益が出ているからといって資金繰りが大丈夫とは言えない）。

☑銀行取引が好ましくない場合

↓相談した銀行宛の取引割合を確認する。預金や売掛回収分の入金、総合振込や給料振込、外為取引、社長個人の取引など。

「孫子の兵法」にある、**「およそ兵を用うるの法は、国を全うするを上となし、国を破るはこれに次ぐ」**は、孫子の考え方の根本となるものです。**相手を力づくで屈服させても本当の勝利を得ることにはならない**のです。正しいのは、**誰も傷つけることなく勝利する**こと。**相手が快く感じる環境で勝利する**ことです。そして、銀行が快く融資審査を進める環境とは、まさに「銀行の目線」に沿った融資案件であることなのです。

「銀行の目線」を踏まえた対応で融資に成功した事例を紹介します。

ケーススタディー

「銀行目線」を再検証して融資に成功

Bさんは、高級外車の輸入販売会社の社長です。欧州のディーラーから、マニアが喜ぶ希少な高級車を輸入し、国内で販売します。高額な高級車を輸入し、販売代金を得るまでの立替金額は相当なもので、銀行融資が必須の業界体質です。

ある時、希少価値の高級車を仕入れる機会を得て、Bさんは銀行に融資相談をしました。しかし銀行の反応は想定外に厳しいものでした。

Bさんは、融資審査での問題点を下記の通り銀行に確認しました。

❶高級車の希少価値はあくまで主観。本当に車が売却できるか不明
❷既存の過大な在庫（高級車）は、いつ頃売却できるのか不明

さらにBさんは、この具体的解決策を銀行マンと相談し、銀行の立場からの望ましい対処方法を確認したのです。

Bさんはすぐに動きました。

❶は、親密お得意先複数人に確認し、「この金額であればすぐに購入したい」という**見込み購入額**の目途をつけました。❷は、**既存在庫の販売計画**を提出した上で、「最悪でも、いつまでに、いくらまで値下げして見切り販売をする」という**最悪シナリオ**も作成し、銀行に提出しました。

Bさんは、銀行で融資稟議書がスムーズに回るように、銀行の立場に立って解決策を実行に移していったのです。

最終的に銀行は、最悪の状況下でもリスクは限定的だと判断し支援することにしました。Bさんは、希少価値のある念願の高級車を輸入することに成功したのです。

勝因は、融資案件の問題点を明確にし、その解決策を銀行と話し合い、スピーディーに解決策を実行したことに尽きます。

銀行が融資を渋る場合は、**①要因を分析し、②その要因を解決する解決策を策定し、③銀行と相談しながら解決策を実行に移す**、ことで状況は変わります。

「孫子の兵法」にある、**「およそ兵を用うるの法は、国を全うするを上となし、国を破るはこれに次ぐ」**は、実は非常に奥が深く、両者がＷＩＮ－ＷＩＮの形にならない限り、真の勝利を勝ち取ることができないことを教えてくれています。

「銀行がどういう判断で融資審査をしているのか」
「銀行はどういう融資案件を望んでいるのか」

これらを銀行の立場に立って考えることが、融資成功率を高めるために必要なのです。

ポイント

銀行融資では、銀行マンが融資をしやすい環境を整えることが大切。

5 融資の成功率を最大化する3つの要素

［孫子の言葉］
「彼《かれ》を知《し》り己《おの》れを知《し》れば、百戦《ひゃくせん》して殆《あや》うからず」

前節では、「銀行マンが融資をしやすい環境を整えることが、銀行融資においていかに大切か」をお話ししました。実は、従来の銀行融資に関する類書は、ここまでで話が終わっていました。すなわち、銀行の融資審査のポイントを読者に一方的に説明し、融資成功のためには銀行のやり方に従う必要がある、とのメッセージで終わっていたのです。

冷静に考えてみましょう。すべての会社が同じように、「銀行目線」に従うことが可能なら、融資で悩む経営者は存在しないでしょう。それでは、銀行融資に成功するためには、実際どうすればいいのでしょうか。

「銀行の考え方」を知るだけでは足りないのです。**「自社の状況」**を克明に知ることが必要なのです。「銀行の考え方」とは「銀行目線」のことであり、「融資稟議書で銀行がチェックしてくる8項目」です。

では、「自社の状況」とは具体的に何でしょうか。大きく分けると、

① 自社の経営状態
② 社長の性格

この2つになります。

何だそんなことかと見くびることなかれ。融資に苦しむ経営者の皆さんは、わかっているようでわかっていないのです。だから融資を受けられずに苦しんでいる。

どんな会社にも課題や問題がありますが、100社あれば100社とも課題が異なるのは当然。「銀行の目線」だけでどうにかなる会社のほうが稀《まれ》でしょう。

「孫子の兵法」に、**「彼を知り己れを知れば、百戦して殆うからず」**とあります。つ

まり敵の状況と自分の状況を併せて知ってこそ、どんな戦いにも勝利することができるのです。すなわち、敵の状況を知るだけでは限界があるのです。敵（銀行）の状況に加え、自分（自社）の状況を的確に把握してこそ勝利（融資の成功）があるのです。

ここで言及した「自社の状況」は、第2章で詳細をお話ししますが、「会社の業績」と「社長の性格」の2つのファクターを縦軸と横軸にとり、6つのマトリクスに分類します。各タイプの特徴と傾向を踏まえた具体的な銀行融資対策を解説しますので参考にしてください（P99）。

ケーススタディー

銀行の考え方に振り回された事例

Cさんは、トラック運送会社の社長です。業界では、限られた荷主を、同業他社で奪い合う熾烈な競争があり、規模の利益を得るためのM&Aが頻繁になされている状況です。さらに排ガス規制など、トラックの仕様も規制で細かく決められています。そのため、トラックの買換えが定期的に必要で、Cさんは多額の資金需要を銀行融資で対応してきました。

ある日、銀行から提案がありました。「借入総額が過大で、年間売上高に近い水準まで増えています。借入額を減らすためにトラックを削減しましょう」というのです。銀行は、「銀行の目線」に立って、「返済計画」および「資金繰り」に懸念を抱きました。一方でCさんは、同業他社との競争の中で、銀行の考えとは真逆の方針で、トラックを増やして事業拡大を図ろうと考えていました。

Cさんは悩んだ末に、今回は銀行の言う通り、トラックをいったん減らすことにしました。数年かけて順次減少させ借入総額も減少。返済額も減って資金繰りも楽になるはずでしたが、実際は真逆でした。トラック減少に伴い売上高は大きく減少。結果、利益も大幅に減少したのです。

Cさんは、**「銀行の考え方」がいつも正しいわけではないことを知りました。そして、「自社の状況」は、銀行よりも誰よりも、自分が一番よく知っていることに改めて気づいた**のです。

「銀行の目線」は、融資審査をする上では正論です。一方で、業界動向や会社特有の事情、個人の状況などの個別事情は、当然ながら経営者が一番熟知しているでしょう。「銀行の目線」だけ考えても、「自社の状況」に最適とは限りません。結局、「銀行の目線」を知り、「自社の状況」を客観的に把握した上で、融資相談をすることこそが最適な融資を成功させる秘訣なのです。

ポイント

「銀行の考え方」を知り、
「自社の状況」を知ることで、
銀行融資の成功はより確実のものとなる。

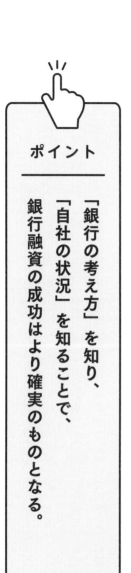

6 成功の確率がぐっと上がる融資交渉のセオリーとアレンジ

［孫子の言葉］
「およそ戦《たたか》いは、正《せい》を以《も》って合《あ》い、奇《き》を以《も》って勝《か》つ」

前節で、「銀行の考え方」を知り、「自社の状況」を知ることで、銀行融資の成功が見えてくることを説明しました。しかし、銀行融資に成功するためには、もう少しステップを踏む必要があります。それが、「銀行の考え方」に「自分の状況」をアレンジして準備していく、ということです。

「孫子の兵法」に、**「九変《きゅうへん》の利《り》に通《つう》ぜざれば、地形《ちけい》を知《し》るといえども、地《ち》の利《り》を得《え》ること能《あた》わず」**（さまざまな変化に対応する方法に通じていなければ、地形を知っていても地の利を得ることはできない）とあります。

千差万別である「自社の状況」をアレンジすることを知らなければ、「銀行の考え方」という王道を知っていても活かすことができません。

銀行融資の基本的な考え方、すなわち「銀行の目線」は万人に最適なわけではありません。「銀行の目線」は、自社の経営状態や社長の性格など千差万別の「自社の状況」を一切考慮していないからです。あくまで銀行融資における基本的な考え方であり、王道なのです。融資相談をする際に、「銀行の目線」だけを考えて進めると、限界が生じるのはこのためです。

ところで、「自社の状況」をアレンジするとは、具体的にどのようなことなのでしょうか。それは、「銀行の考え方」すなわち「融資稟議書で銀行がチェックしてくる8項目」において、自社にできることとできないことを「自社の状況」を踏まえて明確に分けること。さらには、できないことをカバーするためにどうするかを具体的に考えることです。

たとえば、足元の業績が赤字の会社があるとします。これは、銀行の8つのチェック項目の内、「業績財務」の評価がよくないことを意味します。なので、これをカバーするためにどうするかを考えます。このケースであれば、間もなく黒字化できると誰もが思う「事業計画」を策定したらどうでしょうか。当然、その裏付けも必要です。

このように、「銀行の目線」でマイナス評価があっても、他の項目でそれを上回るだけのプラス評価があれば、総合的に見るとプラス、つまり融資に成功します。「銀行の目線」を完全に満足させる融資案件でなくても、「自社の状況」を踏まえて、「この部分は、自社の強い部分だからカバーできる」とアレンジしていくのです。まさに**「およそ戦いは、正を以って合い、奇を以って勝つ」**です。王道（銀行の目線）だけでは限界がある。そこに奇（自社の状況）を加えていくことで、道は拓かれるということでしょう。

ケーススタディー

「銀行の目線」と「自社の考え方」をうまくアレンジして融資に成功

Dさんは、業績財務が良好な有名文具メーカーの社長です。高齢のため、長男への事業承継対策を進めていました。悩みの種は自社株譲渡です。業績財務が良好で、自社株価格も高く、その自社株を譲り受ける長男の負担が大きかったからです。

ある日、工場の生産ライン増設を計画し、銀行融資を考えました。

銀行から、事業計画の提出を求められたDさんは、長男への事業承継のために、利益を極力抑える経営を計画していました。これは、利益水準を重視する、銀行の融資審査の目線とは真逆のもの。銀行融資に成功するには、今までの事業承継対策を棒に振り、利益を増やさなければなりません。まさに、「凡そ戦いは、正を以て合い、奇を以て勝つ」で生じた悩みでした。

Dさんは、銀行に正直に相談しました。銀行は、「事情はわかりました。ありのままの事業計画を提出してください」と話しました。

Dさんは、「自社の状況」を反映したありのままの事業計画を提出しましたが、なかばあきらめていました。ところが、融資は承認。銀行マンからは、「融資審査は利益水準だけではありません。ある部分がダメでも、他でよければ総合的に融資は大丈夫です」と言われました。

Dさんは、「銀行の考え方」と「自社の状況」の2つのファクターをアレンジし銀行融資に成功しました。大切なのは、「銀行の目線」を考えた上で、「自社の状況」をアレンジして、自社に最適なアプローチで対応することなのです。

ポイント

「銀行の考え方」に、「自社の状況」をアレンジし、融資案件を考えることで融資は勝ち取れる。

コラム

「銀行の目線」に対して、対極的な「自社の状況」があった場合の対処例を示しました。参考にしてください。

☑業績財務：自社の足元の業績が赤字であった場合

↓数年内に黒字化できる事業計画を、論理的根拠とともに策定しましょう。現在の状況は変えられませんが、未来は変えられます。

☑事業計画：業績順調な計画が策定できない場合

↓コスト削減を精査しましょう。一見対応不可能に見えても削減できる項目は必ずあるはず。それでも足りなければ売上増加策も検討しましょう。

☑資金使途：銀行に赤字資金と思われる場合

↓赤字資金（赤字を補てんする資金では銀行は一般的に融資しない）でないことを証明し

ましょう。たとえば、仕入資金のひも付き支援（商品Ａの仕入資金として３００万円を支援する場合、Ａの売却代金入金があり次第、全額返済をするなど、個別資金見合いで支援することをいう）など。

☑融資条件：融資提案の金利が高い場合

↓金利は融資リスクの対価。金利が高いのは融資リスクが高いと銀行が考えている証拠。リスク低減のために、担保・保証の差入れや預金増加などを検討しましょう。

☑返済計画：返済が困難な計画になってしまう場合

↓融資返済に充当できる資金額＝当期利益＋減価償却費とします（減価償却費は、企業会計上のもので実際に社外に流出しない）。返済を楽にするためには、利益を増やすか、返済額を減らし（借入額を減らすか、借入期間を長くする）ましょう。

☑資金繰り：新規融資の返済で、資金繰りが厳しくなる場合

↓利益を増やすか、返済額を減らし（期間を長くする）てもダメであれば、既存の借入を

一本化する借換えをしましょう。意外と返済額が少なくなります。

☑経営者：銀行に経営者資質を認めてもらえていない場合

↓銀行との接触頻度を高める努力をしてください。決算説明や毎月の業況説明などの機会をつくって、できれば支店長に面談してください。そのうち支店長専担先と言われるようになれば、副支店長、課長以下もその色に染まります。

☑銀行取引：中長期的な銀行取引を考えていない場合

↓事業拡大とともにさまざまな支援を銀行にしてもらう必要があります。そのため、中長期目線で銀行取引をイメージし、取引シェアを維持してください。たとえば、「Aはメイン銀行、Bは準メイン銀行、Cは預金だけの銀行」など。そうすれば、逆に銀行もシェアに応じた取引をしてくるはずです。

7 自社の弱みをさらけ出す「正直さ」が「誠実」という武器になる

［孫子の言葉］

「迂《う》を以《もっ》って直《ちょく》となし、患《かん》を以《もっ》って利《り》となす」

前節では、『銀行の考え方』をベースに『自分の状況』をアレンジして対応することが、融資成功への近道だ」ということをお話ししました。これが、非常に大切なポイントです。因みに、「自社の状況」をアレンジすることは、「自社の状況」を銀行と共有することが前提になります。

「自社の状況」を包み隠さず誰かに話すとしたら、抵抗感はないでしょうか。「自社の状況」には、積極的に話したい強みもあれば、できれば隠しておきたい弱みもあります。銀行に自社の弱みを伝えて評価を落とすことは避けたい、と考えるのは人間心理としても当然でしょう。

しかしながら、融資に臨む際、銀行には弱みを含めすべてをさらけ出しましょう。それが誠意という武器になり、銀行との真の信頼関係につながるからです。

本当のことを言いますと、「自社の弱みと感じ、できれば隠しておきたいこと」を、銀行は大方気づいています。同業他社に共通する課題、同じ成長ステージにある会社の問題点、同様の融資案件で特有の課題等々。銀行マンが中小企業の弱みを推測するに十分すぎる環境が、銀行業務の中に整っているのです。

ですから弱みをあえて話してくれる経営者を、「この人は信用できる」と銀行マンは考えるのです。言いにくい弱みであればあるほど、伝えることで信頼関係は強くなります。

「孫子の兵法」に、**「迂を以って直となし、患を以って利となす」**とあります。「迂(回り道をする)により、実は最短距離を進む、患(弱点や問題点)を相手にわざわざ見せることで、結果的に自分たちに有利になるように動く」のだと。

自社の弱みを銀行に伝えることは評価を下げる遠回りにも思えますが、実は融資成功への近道につながるのです。どの時代も誠実さが人の心を動かし、結果的に勝利に導くのですね。

ケーススタディー

銀行に弱みを話すことで、逆に評価された事例

Eさんは、半導体製造装置メーカーの社長です。半導体業界にはシリコンサイクルという業界特有の波があり、いい時は業界全体が活況を呈し、各社の業績も軒並み良好となりますが、逆もまた然りです。

Eさんは、シリコンサイクルのいい波に乗って業績を伸ばそうと、新工場建設を計画し、銀行へ融資相談に行きました。

銀行は、前向きに検討したいと、融資審査に着手しました。銀行の好感触にEさんは喜びましたが、一方で不安もありました。実はシリコンサイクルの下降兆候に気づいたのです。受注の前年比減少が続き、赤字となる月もありました。この変化を銀行がどこまで把握しているかわかりません。正直に話せば、銀行から新工場建設の計画自体を否定されそうで、Eさんは悩んでいたのでした。

後から指摘されるよりは、先にきちんと話しておこう。Eさんは正直に現状を銀行に話すことにしました。心配していましたが、銀行の反応は予想外のものでした。支店長は、「足元の業績が不調なのは、シリコンサイクルの影響ですね。業界動向は認識しています。環境的には厳しいですが、今回は支援させてください」とEさんに話したのです。

数日後――。担当の銀行マンから「正直にシリコンサイクルの下降兆候について話をしたことで、支店長も腹を決めたそうです。Eさんは信用できる人だと言ってましたよ」とEさんは言われたそうです。

銀行はシリコンサイクルの動向を把握し、会社の業績悪化を視野に入れた融資審査を進めていたのです。

「孫子の兵法」に**「兵《へい》は詭道《きどう》なり」**（戦争とは敵を欺《あざむ》く行為である）とあります。

銀行融資は戦争ではありません。ましてや銀行は、経営者にとって敵ではなく味方です。欺くのではなく誠意をもって対応するのが、一番よい結果を生むのです。このことを孫子は改めて私たちに教えてくれているのです。

融資のベースは信頼関係です。考えてみてください。どんな人かもわからない人にお金を貸してほしいと言われて、あなたは貸すことができますか。1円たりとも貸せないでしょう。銀行融資と言ってもベースはここにあるのです。

「迂を以って直となし、患を以って利となす」とは、まさにこのことを教えてくれています。

ポイント

銀行には、恐れずに自社の弱みをさらけ出す。それが誠意という武器になり、銀行との真の信頼関係につながる。

8 フットワーク軽く、欲を見せず、熱を伝え、堂々と交渉する

［孫子の言葉］

「その疾《はや》きこと風《かぜ》のごとく、その徐《しず》かなること林《はやし》のごとく、侵掠《しんりゃく》すること火《ひ》のごとく、動《うご》かざること山《やま》のごとく」


本章の最後に、「融資相談の極意」をお話ししたいと思います。

「融資相談の極意」とは、**①スピード**、**②冷静**、**③熱意**、**④自信**、の4つです。

「えっ、これだけ？」などと思わずにもう少しお付き合いください。

①**スピード**は、融資相談に伴う事前準備や銀行からの各種要請に対し、フットワーク軽く対処していくことです。スピーディーに対処すればするほど、融資成功への選択肢が増えます。**スピードは融資成功の生命線**とも言えます。まさに**「その疾きこと風のごとく」**です。

②**冷静**は、欲を出して融資をより好条件で引き出そうとせず、冷静に論理的に銀行と対話していくことです。決して感情的にならずに、冷静かつ論理的に銀行と対話をしていけば、必ずお互いの妥協点を見い出せます。冷静に対処することが、融資成功のためには必要です。まさに**「その徐かなること林のごとく」**です。

③**熱意**は、融資資金を活用して、事業をどれだけ発展させ、最終的に社会にどれだけ貢献できるかを、銀行に熱く訴えることです。融資するかしないかの瀬戸際の判断の際、この「熱意」が大きく影響してくることを、私は幾度となく目の当たりにしてきました。これこそ**「侵掠すること火のごとく」**です。

④**自信**は、きちんと事前準備をしてやるべきことをすべてやれば、意識しなくても現れてくるものです。融資相談を受ける銀行マンとしても、「これだけ自信を持って話

すのだから、この融資案件は大丈夫だろう」、という考えを持ちやすくなります。堂々とした自信は、人を実際以上に大きく見せます。まさに**「動かざること山のごとく」**です。

ケーススタディー

「融資相談の極意」に従い、融資に成功！

Fさんは、70台余のタクシーを走らせているタクシー会社の社長です。最近はインバウンド効果もあって一時期より業績は回復したものの、いまだ業界環境は厳しい状況にあります。

Fさんは、海外旅行客の中でも特に中国人旅行者に絞り、その利便性向上のために、中国のクレッジトカードである銀聯《ぎんれん》カードが利用できる設備を備えることを計画し、銀行融資を試みました。

融資相談に際しては事前準備を徹底的にしました。会社の業績は良好とは言えませんが、このプロジェクトはその救世主となるに相応しいものだったからです。やるべきことをすべてやりきったFさんは、自ずと湧き上がる自信に気づきました。

Fさんは、銀行に融資相談に行き、銀行マンに対しこのプロジェクトの概要、その投資効果、そしてタクシー事業への熱い思いを冷静にプレゼンしました。

精緻に計算された現実的な事業計画と業績を回復させるために必要な設備投資。銀行でも、タクシー業界が厳しい状況にあることを認識しており、通常では無謀と言える融資相談でしたが、「厳しい状況だが、何とか支援できないか」と銀行マンもプレゼンを聞くうちに悩んでいました。

間もなくして、支店長から連絡がありました。

「あれだけ、冷静かつ熱意をもった融資の申込みは初めてです。是非支援させてください」

融資が困難な状況から大逆転の銀行融資成功でした。

勝因は、スピード、冷静、熱意、そして自信でした。この「融資相談の極意」をもって、銀行融資を勝ち取ったFさんは、海外旅行客の需要を取り込み、業績回復に成功しました。

「その疾きこと風のごとく、その徐かなること林のごとく、侵掠すること火のごとく、動かざること山のごとく」

かの有名な甲斐の武将である武田信玄の軍旗は、孫子のこの部分からとったものです。無敵の軍を持つと言われた武田信玄も、孫子を愛読していたことでしょう。

ポイント

「融資相談の極意」とは、①スピード、②冷静、③熱意、④自信、の4つ。この極意の習得こそ、融資成功の近道。

第二章

考え方篇

相手を知り自分を知れば、100回の融資でも引き出せる

まず「相手（銀行）を知る」
――融資審査の8つのポイント

前章では、戦わずして融資を勝ち取るための「心構え」についてお伝えしてきました。この章では「心構え」からステップアップし、融資を勝ち取るために必要な「考え方」をお伝えします。

「彼《かれ》を知り己《おの》れを知《し》れば、百戦《ひゃくせん》して殆《あや》うからず。彼《かれ》を知《し》らずして己《おの》れを知《し》れば、一勝一負《いっしょういっぱい》す。彼《かれ》を知《し》らず己《おの》れを知《し》らざれば、戦《たたか》うごとに必《かなら》ず殆《あや》うし」

敵を知って自分を知るならば100回戦っても100回勝てる。自分を知っていても敵を知らなければ、勝ち負けは五分五分である。敵を知らず、自分も知らなければ、どの戦いも負ける可能性が高いだろう。

戦いに勝つには、相手を知らなければなりません。チームスポーツであれば、相手チームのクセなどを徹底的に分析し、その上で自分が優位に立てる戦略を策定し、試合に臨むでしょう。

銀行融資も同じこと。銀行の考え方や、融資審査のポイントを事前に把握・分析した上で、融資相談に臨む必要があります。

「銀行の融資審査のポイント」は、銀行マンしか知りません。銀行マンでなければ知り得ないと言っていいでしょう。私は、メガバンクで銀行融資の審査に30年近く携わってきました。そのポイントを、特別にここでお伝えします。

「銀行の融資審査のポイント」は8項目に集約されます。実は前章でお話した「融資稟議書で銀行がチェックしてくる8項目」と同じです（P19）。

銀行の融資審査のポイント

①現在の会社の体力や儲けで融資返済ができるか（業績財務）
②未来の会社の体力や儲けで融資返済ができるか（事業計画）
③融資資金が別に使われ返済できなくならないか（資金使途）

④会社の業績を踏まえ返済可能な融資条件か（融資条件）
⑤現在および未来の業績財務で返済ができるか（返済計画）
⑥事業による資金の流れの中で返済できるか（資金繰り）
⑦最悪の事態でも乗り切れる経営者の資質はあるか（経営者）
⑧今後の取引展望、銀行への情報開示姿勢（銀行取引）

多くの経営者は、「銀行の融資審査のポイント」を把握しないで銀行に融資相談に出かけます。これは、相手のクセを分析もせず、いきなり対戦相手と試合をするぐらい無謀なことです。その結果、当然のことながら、銀行に融資を断られ、「銀行は厳しすぎる」と泣くはめになるのです。

「孫子の兵法」に、

「成功、衆《しゅう》に出《い》ずる所以《ゆえん》のものは先知《せんち》なり」（成功はあらかじめ敵を知ることでもたらされる）

とあるとおりです。

それでは、「銀行の融資審査のポイント」について、具体的に見ていきましょう。

1 業績財務――現在の会社の体力や儲けで返済できるかどうかを確認する

銀行融資は、銀行が融資した資金を全額返済してもらって初めてビジネスが成立します。従って、さまざまな角度から、融資資金が確実に返済されるかどうかを確認しようとします。会社の現状を客観的に把握するそのために**必要な書類が決算書**です。

ここでクエスチョンです。**決算が赤字でも融資は可能でしょうか。**

以下の事例を見てください。

❶含み損を抱えた投資有価証券を売却して、最終損益が赤字になった

こうしたケースでは融資は可能です。一方、

❷仕入値が高額なために、売上高総利益の段階で赤字

❸社員の人件費が高すぎるため営業損益の段階で赤字

こうしたケースは逆に融資は難しいでしょう。

同じ赤字でも、**「本業にかかわる赤字かどうか」**で判断は分かれます。

❶の赤字の要因は、本業と無関係の有価証券売却による一時的赤字です。❷および❸の赤字は、本業による赤字です。これは、事業を継続すれば出てしまう本質的な赤字なので、会社の体質を変えない限り黒字化しません。❷および❸のケースは会社の体質が変わり、黒字化したことを確認できない限り、融資は難しいでしょう。

「業績財務」が融資審査のコアの部分であるために、銀行では必ず決算書の提出を求めます。それほど、「業績財務」の確認は、銀行融資に欠かせないものなのです。

コラム

【銀行マンの目のつけどころ／決算書】

銀行が決算書（貸借対照表、損益計算書、株主資本等変動計算書）のどの部分をチェックするのか、見ていきましょう。まずは決算書の中身の説明から。

◆**貸借対照表（BS）**：会社設立から現在に至るまでの財務の累積（ストック）を示す

◆**損益計算書（PL）**：決算期1年間における財務の動き（フロー）を示す

◆株主資本等変動計算書：主に株主資本の各項目がなぜ変動したのかを示す

＊

銀行が貸借対照表及び損益計算書で優先的にチェックするのは以下の項目です。

◆貸借対照表（BS）では、自己資本（純資産）

◆損益計算書（PL）では、各利益（売上総利益、営業利益、経常利益、当期利益）

利益の累積が自己資本なので決算書の最優先チェック項目は各利益です。

＊

融資を受けるための必要最低限の利益水準は以下の通り。

◆当期利益＋減価償却費が、年間の返済額より多いこと

当期利益：法人税等の支払後の最終利益で、自由に使える利益

減価償却費：企業会計上、費用計上するが実際は社外流出しない

決算期においてすべての費用を差引いて、最終的に残った利益と、実際に支払が発生しない減価償却との和が、年間返済額より上回っていれば、返済は可能と言えます。つまり、それだけの当期利益を計上できれば、融資審査上では問題ない水準と言えるでしょう。

2 事業計画――未来の会社の体力や儲けで返済できるかどうかを確認する

事業計画は、決算書の業績財務をベースに、未来の業績財務を予想したもの。ほとんどの会社で、向こう3年や5年の事業計画を策定しているでしょう。その事業計画を視野に入れて、毎年あるいは毎月の業績目標を掲げているはずです。

なぜ事業計画が、銀行での融資審査のポイントになるのでしょうか。

当たり前ですが、融資返済は今後の利益や現預金から充当されます。すなわち、**将来の融資返済が可能かどうかは、将来の業績財務である事業計画で確認するしかない**のです。

事業計画は会社の未来の実態を客観的に示す資料です。経営者なら誰でも、融資相談の際に、銀行から事業計画の提出を求められた経験があることでしょう。

「事業計画」は、前節でお話しした「業績財務」のまさに未来版です。「業績財務」は実績値でチェックしていくのに対し、「事業計画」は、見込値でチェックをしていくところに違いがあります。

実際、融資返済は未来の利益から充当されるのですから、過去の実績値より、むしろ未来の見込値のほうが重要なのかもしれませんね。

コラム

【銀行マンの目のつけどころ／事業計画】

銀行が事業計画のどこをポイントとしてチェックしているのかを見ていきましょう。

☑事業計画の数値に根拠はあるか

「売上が来年は1・5倍に増加する」と事業計画にあった場合、誰が見ても納得がいくような客観的な根拠が必要です。具体例としては次のようなものが挙げられるでしょう。

「主要取引先の海外進出を背景に、受注が1・5倍に増加する予定」

「新規事業立ち上げに伴い、既存受注に加えて新規受注が1年先まですでにある」

売上増加を見込んでいても、客観的な根拠がない場合、保守的に直近決算書の実績値を横置き（説明必要）にする、もしくは将来のリスクを踏まえ若干減少させるなどして対応すれば、根拠のある数値になるでしょう。

☑事業計画は2通り作成する

事業計画は、将来の会社の実態を客観的に示すものです。ただし、「将来」には**「不確実リスク」**が存在します。従って、高確率で「実現する」と考えていても、想定外の事象が発生するなどして計画通りいかない場合が出てきます。この「不確実リスク」をカバーするために、**通常ケースと最悪ケースの2通りの事業計画の策定**をおすすめします。

通常ケースは通常作成する事業計画。最悪ケースは、想定外のことが発生しても、最低限この水準の業績は確保できるという慎重な事業計画です。**想定外の事案がイメージできない時は、通常ケースの数値にストレスをかけて7割の水準にする**などして、対応しましょう。

2通りの事業計画があると、銀行は高評価をしやすくなります。評判がよくなるのです。なぜなら銀行では常に、提出された事業計画にストレスをかけた最悪ケースを試算し、総合的に審査しているからです。

☑事業計画のコアになるのは売上高

事業計画で**一番コアになる部分は売上高**です。極端なことを言えば、売上高に根拠があれば、各利益率を直近決算から類推することでそれなりの事業計画ができます。

売上高は通常大きな数値になるため、「これぐらい」と数字を丸めてしまう場合がありますが、これはやめてください。事業計画の目的、すなわち未来の実態を客観的に示すこと、そして未来の業績財務で融資返済が可能かどうかを確認することが目的なのです。適当な数字を計上している場合ではありませんよね。

☑事業計画の当期利益＋減価償却で年間返済額をカバーできるか

必要な利益水準は、**【当期利益＋減価償却費が年間の返済額より多いこと】**です。

逆に言えば、そこまでの利益水準が見込めないのであれば、無理して銀行融資を予定してはいけません。高確率で後悔することになります。

3 資金使途――融資資金が目的と違うものに使われないかどうかを確認する

「資金使途」とは、銀行融資による資金の使い道のことで、運転資金や設備資金、納税資金など多種多様です。なぜこの資金使途が、銀行での融資審査のポイントになるのでしょうか。

たとえば、製造機械の購入資金として設備資金1億円の借入相談があったとします。銀行では、その設備投資により新たな収益がどのくらい見込めるか、その収益で融資返済が可能かどうか、最悪、新たな収益だけで返済が困難になった場合、会社全体の収益で返済はカバーできるか等々を確認します。総合的に見て、返済に問題なければ、設備資金として1億円の融資を実行します。

一方、実行した1億円の融資資金で、社長が高級スポーツカーを購入してしまったらどうでしょうか。当然ながら、設備投資による新たな収益はありません。収益がなければ融資返済もできなくなります。だから、銀行は資金使途にこだわるのです。

銀行融資では、資金使途により返済資金が特定されるため、資金使途別に融資審査の考え方が異なります。同じ1億円でも、資金使途次第で、融資に成功したり、失敗したりするのです。

融資した資金が当初計画していたものと異なるものに使われた場合、銀行は即時全額返済を迫ってくるでしょう。約束違反をしたのですからやむを得ません。加えて、銀行からの信頼はその瞬間に消失し、次回以降の融資相談は相当ハードルが高くなるでしょう。銀行融資はお互いの信頼なくして成立しないのですから。

コラム

【銀行マンの目のつけどころ／資金使途】

資金使途別の融資審査の考え方を解説します。

☑運転資金（事業における立替資金＝いわゆる収支ズレ）

・**事業利益により返済されるべきとの考え方があります。**
・**返済額**：当期利益＋減価償却費の額が本件後の年間返済額より多いこと
・**期間**：通常は長くても10年以内

☑設備資金

・**設備投資収益により、返済されるべきとの考え方があります。**
・**返済額**：設備投資による新たな収益額が本件の返済額より多いこと
・**期間**：長くても経済耐用年数もしくは減価償却年数以内

☑賞与資金

・**通常6ヵ月毎の賞与支給のため、6ヵ月で完済すべき。**
・**返済額**：総借入額÷6ヵ月＝毎月返済額
・**期間**：6ヵ月

☑納税資金

・決算の際支払う法人税を対象とする。
消費税は対象外（販売した都度消費税分を回収できるため）。中間納税も加味し、賞与資金と同様に6ヵ月で完結する考え方が一般的。
・返済額：総借入額÷6か月＝毎月返済額
・期間：6ヵ月

☑収益物件購入資金

・該当物件の収益により、返済がなされるべきという考え方があります。
・返済額：該当物件の年間収益額＋物件の減価償却費の金額が年間返済額よりも大きいこと
・期間：長くても建物の経済耐用年数の範囲内（銀行によっては、法定耐用年数を適用）

資金使途によって融資審査の考え方は、まったく異なります。同じ1億円の融資であっても、設備資金としては融資は難しい（設備自体に問題がある場合）が、運転資金であれば融資ができる、といったケースがあり得るからです。

4 融資条件——業績を踏まえた条件で返済できるかどうかを確認する

銀行融資で一番関心があるのは融資条件ではないでしょうか。

実は融資条件は、銀行が決めるものではありません。借りる側が決めた上で、銀行に相談するのが本来の姿です。

「融資をお願いする立場だから、融資条件は銀行の言われるがままに従うもの」という考えは無用です。銀行は希望する融資条件をベースに審査を進めます。場合によっては、希望通りの融資条件にならないケースもあります。その場合は、銀行と本音ベースで再度相談すればいいのです。**銀行の言いなりになる必要はまったくありません。**

融資条件の**審査の裏側**をのぞいてみましょう。

そもそも、なぜ融資条件が、銀行での融資審査のポイントになるのでしょうか。それは、融資条件が返済負担に大きく影響してくるからです。

たとえば、融資相談の際、資金繰りに余裕がないため、返済額を減らしたいのであれば、借入金額を減らし、借入期間を長期にし、金利を低く抑える、というのが理想の形でしょう。しかしながら、物事はそう単純ではありません。資金繰りに余裕がないからといって借入金額を減らすのは限界があります。また、借入期間を長期にすれば、銀行のリスクがその分増えるので、新たな担保が必要になります。また、金利は銀行にとって融資リスクの見返りです。低金利にするには、融資リスクを減らすこと、すなわち担保を増やすことなどが必要になってきます。

融資条件はさまざまなファクターが絡み合っています。そのなかで、どのファクターを優先するかで、最終的な融資条件が変わってくるのです。個別の状況に応じて、最適な融資条件を見出すことが大切と言えるでしょう。

そのため、**事前にどの融資条件のファクターを最優先にするか、そしてどの融資条件のファクターを譲歩するかを、あらかじめ決めておかなければなりません。**

繰り返しになりますが、これを決めるのは銀行ではなく、借り手です。

融資条件を安易に銀行任せにしてはいけません。最終的に痛い目にあうのは借り手なのですから。

コラム

【銀行マンの目のつけどころ／融資条件】

融資条件に銀行がどのようなアドバイスをするかを以下に示します。

☑毎月の返済額を減らしたい

・担保を強化し、借入期間長期化による返済額減額
・既存借入分と合算し、借り換えによる総返済額の減額
・他行の余剰担保処分による、借入額圧縮もしくは借入肩代わりと併せた借り換え

☑金利を低く抑えたい

・担保強化により貸出リスクを低減させて貸出金利を低下

・融資以外の外為、内為、オーナー等取引拡大による銀行採算確保

☑担保を差し入れたくない

・売掛入金口座指定を増やし、預金額を増やす（可能なら定期預金）
・会社および連帯保証人の資産背景が潤沢であることを示す
・信用保証協会の保証を付ける

☑社長の保証を差し入れたくない

・物的担保の強化
・会社と社長の関係が実質一体でないことを示す（これはおもにサラリーマン社長などの場合）

☑借入期間を長くしたい

・担保強化により貸出リスクを減らす
・プロパー融資（自社＝経営者の責任１００％の融資）で長期リスクが難しい場合は、信用保証協会を利用

5 返済計画――現在および未来の業績財務で返済できるかどうかを確認する

返済計画は、将来にわたって融資返済が可能であるかを決算書および事業計画をベースに検証したものです（左図）。これは、すべてのコストを差し引いて最終的に残った利益（当期利益）に、実際は社外に流出しないコスト（減価償却費）を加えた和が、融資返済に充当可能な資金であることを示しています。

銀行では、決算書および事業計画書を検証して、融資期間において、この条件が成立しているかを検証します。成立していれば、理論上、融資返済は可能と言えます。

返済計画表（P76）を見てください。下から2行目の返済余力は、毎期単年度における、最終利益＋減価償却費から年間融資返済額を差引いた金額です。総じて、返済余力をもって推移していく見込みですが、'22年3期だけ返済余力が▲4になっています。これは'22年において単年度の利益では、返済ができないことを示しています。

返済余力がマイナスだと融資審査は難しいのでしょうか。確かに'22年単年度だけで

図解　融資返済可能額

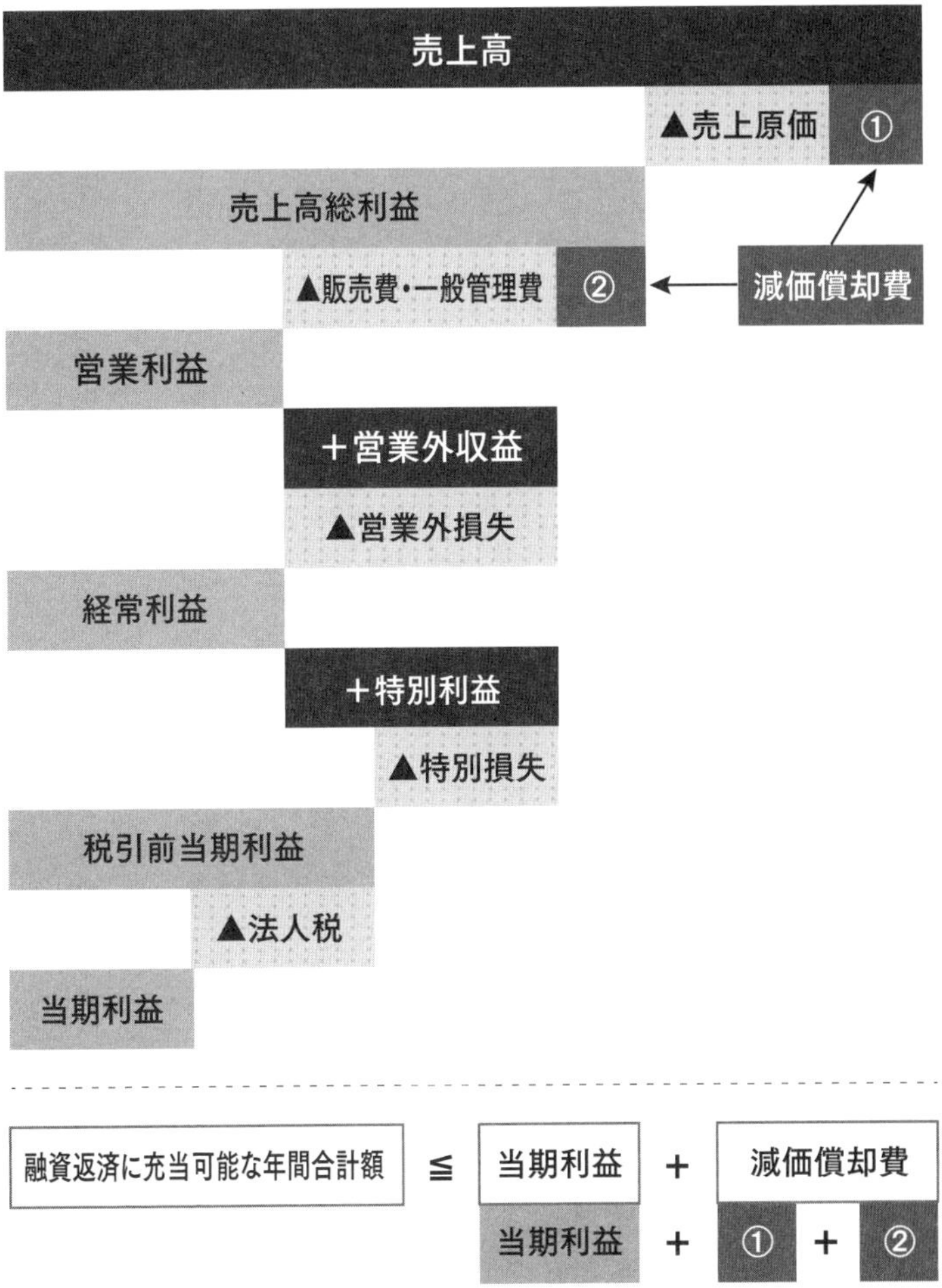
売上高
▲売上原価
①
売上高総利益
▲販売費・一般管理費
②
減価償却費
営業利益
＋営業外収益
▲営業外損失
経常利益
＋特別利益
▲特別損失
税引前当期利益
▲法人税
当期利益
融資返済に充当可能な年間合計額
≦
当期利益
＋
減価償却費
当期利益
＋
①
＋
②

（例）返済計画表

	'20年1期	'21年2期	'22年3期	'23年4期
売上高	100	120	130	150
売上原価	50	60	65	75
売上高総利益	50	60	65	75
販売費・一般管理費	20	25	30	35
営業利益	30	35	35	40
営業外損益	▲5	▲7	▲10	▲12
経常利益	25	28	25	28
特別損益	7	10	▲15	5
税引前当期利益	32	38	10	33
法人税等	12	16	4	13
①当期利益	22	14	6	20
②減価償却費	15	15	15	15
③返済資金①＋②	37	29	21	35
④年間返済額	25	25	25	25
返済余力③—④	12	4	▲4	10
返済余力累計	12	16	12	22

みると融資返済ができません。しかし、'21年までの返済余力累計は16あり、この資金を確保していれば、不足分▲4はカバーでき、返済できそうです。

このように、単年度および時系列では融資返済ができない場合、他の要因でカバーできないか、などと銀行は検証していきます。

コラム

【銀行マンの目のつけどころ／返済計画】

銀行が返済計画のどこをチェックしているのかお伝えしましょう。

☑運転資金

事業利益により返済が可能かどうかを検証します。年間返済総額が当期利益＋減価償却費より少ないことが必要です。また、一時的に年間返済額が、当期利益＋減価償却費を超過する場合、現預金のストックでカバーできる範囲かどうかを見極めます。

☑設備資金

本件の年間返済額は、新たな設備投資による収益＋本件設備の減価償却費の範囲内、でなければなりません。この大原則で返済が難しい場合に、次善策として会社全体の事業利益でカバーできるかどうかを見ていきます。

☑収益物件取得資金

不動産収益で融資返済が可能かどうかを見ます。本件年間返済額が本件不動産収益＋本件不動産の減価償却費より少ないことが必要です。収益物件取得資金は、融資期間が超長期の場合が大半です。高金利の可能性も視野に入れてシュミレーションする必要があります。

☑他行肩代わり資金

他行で返済している融資期間の範囲内での融資となります。つまり、他行から肩代わりする際に、返済期間が延びることはありません。他行で期間5年のうち2年経過後であれば、融資シフトにより融資期間は3年以内（期間5年から経過2年をマイナス）となります。

6 資金繰り――キャッシュフローで返済できるかどうかを確認

損益計算書（＝ＰＬ）では黒字でも、なぜか資金が不足し倒産してしまう。これを**黒字倒産**と言います。つまり、**ＰＬと資金繰りは同じではない**のです。

極論すれば、どんなに利益を上げている会社でも、資金が不足する状況が生まれます。これは、事業利益を計上している会社でも融資返済ができない場合があることを意味しています。

ここまでは、事業利益で返済ができるかどうかを見てきましたが、実はこれだけでは不十分なのです。では、融資返済が大丈夫かどうかを確認するために、併せてどのような検証が必要になってくるのでしょうか。

資金繰りとは**キャッシュフロー**のことで、事業によるお金の流れのことです。最近では**上場企業を対象に、決算書にキャッシュフロー計算書の記載を義務付けています**。

これは、ＢＳとＰＬだけでは、企業の実態を把握するのに限界があることを意味しています。

それでは、なぜ融資審査においてＢＳやＰＬだけでは不十分で、資金繰りまで検証する必要があるのでしょうか。

答えを先に言うと、**融資返済が可能かどうかは、ＰＬの事業利益ではなく、資金繰り（＝キャッシュフロー）を見ないと最終的にわからないから**です。

重要なところなので、具体例を用いてお話ししましょう。

ある会社の１月の売上が１００で、総コストが70だとします。ＰＬだけで考えると、１００－70＝30となり、この会社の１月の利益は30あるため、融資返済も30までなら大丈夫そうです。

次に資金繰りを見ます。１月売上の１００は３月に回収する売掛金だとします。コストは、わかりやすくするために、全額１月中に現金で支払うことにします。収入面は、売掛金の回収が今月は無いためゼロです。支出面では、総コスト70を１月中に支払うため、70です。最終的に、収入－支出＝０－70＝▲70と赤字になるのです。

要するに、この会社は1月にPL上では、30の利益を計上していますが、資金繰りでは、▲70の赤字となっているのです。これが**「黒字倒産」のカラクリです**。

このような、PLと資金繰りの不一致を解消するために、資金繰り表を策定し、PLと併せて資金繰りの動きを見ていく必要があるのです。資金繰りを把握する「資金繰り表」の代表的フォームを次のページに（P82）示します。ご存知の方も多いと思いますが、資金繰り表を活用して、会社の資金繰りを改めて把握してください。

「資金繰り表」を作成するために、前提条件として売上債権や買掛債権の金額やサイトの正確な把握が必要です。言い換えれば、会社の取引全体を掌握していなければ、正確な「資金繰り表」は作成できません。つまり、資金繰り表を作成できるのは、会社の取引全般を把握し、会社全体の資金の流れを肌感覚で把握している人に限定されます。

「資金繰り表」が会社経営に重要な役割を担っていることが、理解できたでしょうか。

資金繰り表のフォーム

	1月	2月	3月	4月	5月	6月	計
前月繰越　Ⓐ	50	51	63	77	96	97	434
売上回収	20	30	20	40	20	30	160
受取手形期日	1	2	1	1	2	1	8
経常収入　計　Ⓑ	21	32	21	41	22	31	168
仕入支払	13	14	12	13	15	12	79
支払手形決済	3	2	1	5	2	4	17
営業費支払	1	1	1	1	1	1	6
支払利息	1	1	1	1	1	1	6
経常支出　計　Ⓒ	18	18	15	20	19	18	108
経常収支(B−C)　Ⓓ	3	14	6	21	3	13	60
経常外収入	0	0	0	0	0	0	0
経常外支出	1	1	1	1	1	1	6
経常外収支　Ⓔ	▲1	▲1	▲1	▲1	▲1	▲1	▲6
総合収支(Ⓓ+Ⓔ)Ⓕ	2	13	5	20	2	12	54
借入金	0	0	10	0	0	0	10
借入返済	1	1	1	1	1	1	6
財務収支　Ⓖ	▲1	▲1	9	▲1	▲1	▲1	4
翌月繰越(Ⓐ+Ⓕ+Ⓖ)　Ⓗ	51	63	77	96	97	108	492

＊上記資金繰り表において、融資返済額を入力し、資金が回転することを確認する

コラム

【銀行マンの目のつけどころ／資金繰り】

資金繰り表を作成する際のポイントを確認しましょう。

☑月末時点の資金残高（翌月繰越）

月次ベースの資金繰り表であれば、月末時点の資金残高をまずチェックします。資金残高がマイナスならショートを意味するので一大事です。まずはここをチェック。

☑売掛債権の回収サイトと割合

資金繰り表作成のためには、売掛債権の内容の把握が必要です。具体的には、売掛債権のうち売掛金はいくらで受取手形がいくらかなど各々のサイトを把握していることが大前提になります。総じて売掛債権は、サイトが短ければ短いほど資金繰りに余裕が出てきます。

☑買掛債権の支払サイトと割合

買掛債権のうち買掛金はいくらで、支払手形がいくらかなど各々のサイトを把握していないと、資金繰り表は作成できません。各債権の金額とサイトによって、資金繰りが大きく異なってくるからです。総じて買掛債権は、サイトが長ければ長いほど、資金繰りは余裕が出てきます。

☑資金繰り表の各項目とＰＬ、ＢＳとの連動性

資金繰り表は、ＢＳやＰＬと連動しています。双方を見比べてみて違和感があれば、計数の信憑性が疑われます。たとえば、資金繰り表における最終資金残高は、特別な要因がない限り、ＢＳの現預金の残高とほぼ同水準になるはずです。これは、売上債権や買掛債権の残高についても同様です。またＰＬの売上高や各種費用についても、資金繰り表の売上債権の推移や、買掛債権などの支払項目の推移に違和感がないはずです。

以上、資金繰り表は最低限のチェックポイントを確認してから、銀行に提出するようにしましょう。

7 経営者（定性評価）——最悪の事態でも返済可能かどうかを確認する

銀行の融資審査には、決算書や事業計画書、資金繰り表など、財務分析を中心にした客観的評価である**「定量評価」**と、社長の経営者資質など数字では評価できない**「定性評価」**があります。銀行の融資審査では、「定量評価」と「定性評価」を総合的に判断して最終的な結論を出します。ここまで「定量評価」についてお伝えしましたので、「定性評価」について解説しましょう。

定性評価では、**社長の信頼度、責任感、人格、包容力、人望**などを検証し、会社が苦しい局面に立たされた時にどう対処するかを見極めます。責任感の有無だけでも、不測の事態の結末が大きく変わってくるからです。

会社が不測の事態に陥った場合、最終的に責任をとるのは社長です。経営者としての器の大きさや人間力を通して、最悪の事態でも最後まで努力する人かどうかを確認するのです。かつて「融資は社長を見て判断しろ」と言われたものです。それだけ、経営者の資質は、融資判断において重要なポイントなのです。

社長の資質や人間力は、日頃の銀行とのコミュニケーションのなかで蓄積されてくるもので、一朝一夕に知ることはできません。ですから、銀行との定期的なコミュニケーションが必要になってくるのです。

いくら業績財務が良好な会社であっても、社長の資質に大きな疑問符がつくと、銀行は信頼できる相手と見なすことができず、融資取引は難しくなってきます。逆に、「経営者の資質」が良好であれば、多少業績財務に問題があっても、「最悪の事態でも、この経営者は銀行に迷惑をかける人ではない」判断され、融資成功が見えてくると思います。

なお最近では、決算書を銀行に提出して3日以内に融資回答をする**「スピード融資」**を提供する銀行もありますが、決算書の数字だけで融資審査をすることに私は限界を感じます。借り手が将来不幸にならないことを祈るばかりです。

コラム

【銀行マンの目のつけどころ／経営者の資質】

銀行が経営者のどこをチェックしているのかをお伝えします。

☑約束は必ず守る

ビジネスパーソンとして当然のことです。しかしながら、約束とひと言で言っても簡単に実行できるものから、相当な負担を負わないと実行できないものまでいろいろです。たとえば、「今期中に黒字化します」と宣言した場合、その実現は簡単ではありません。

誰もが簡単ではないと考えるこの約束を、緻密な戦略とエネルギッシュな行動力、そして強力なリーダーシップを発揮して実行できるかどうかを銀行は見ています。

万が一、実現まで至らなかった場合、事前にどのようなコミュニケーションやアクションを起こすかによって、その約束を破棄してしまうのか、それとも期限を延長して粘り強く実現に向けてチャレンジし続けるのか、が分かれてきます。要は最後まで約束を守るために、誠実に行動し続けることができるかどうかを銀行は見ているのです。

☑社員のこと、会社のことを優先する

中小企業の社長の中には、会社を食い物にして私腹を肥やす人がたまにいます。会社を赤字にしてまで、膨大な役員報酬を受け取るケースなどです。このような会社に未来があるでしょうか。このような会社に銀行が融資をしたいと思うでしょうか。

会社の成長のためには、社員が働きやすい環境を整える必要があります。社員が、仕事にやりがいを見出し、一生懸命に働きたいと感じない限り、会社に成長はありません。

そのため、常に社員のこと、会社のことを最優先に考えるような経営者と、銀行は積極的に取引をしたいと考えています。

☑銀行にすべて情報開示する

前述しましたが、銀行融資は、会社と銀行との信頼関係がベース。つまり、信頼関係がない会社との融資取引はあり得ません。信頼関係を構築するのに、隠しごとをすべきではありません。

銀行には自社のプラス面もマイナス面も話すようにしましょう。人間ですからマイナス面は話しにくいと思いますが、逆にマイナス面を積極的に話すことで、銀行との信頼関係はより強固なものになっていくのです。

☑銀行と定期的に接触する

「定性評価」、すなわち経営者としての器の大きさや人間力を、銀行に評価してもらうために必要なのが定期的な接触です。銀行との面談は可能な限り、応じるようにしましょう。また、面談の際には世間話だけで終わるのではなく、経営哲学なり、経営理念や経営方針なども語ることをおすすめします。

8 銀行取引――取引拡大や情報開示の姿勢、他行との取引バランスを確認する

ここでは銀行の取引メリットとは何かを解説します。知らない人からすれば意外な視点かもしれません。

融資取引をすることによって、今後銀行取引の拡大をがどれだけ見込めるか。これを**取引拡大**と言います。内国為替取引が融資シェア分だけ新たに取引できる、あるいはオーナー社長との個人取引が新たに見込める、などのことです。

情報開示の姿勢とは、銀行の依頼に応じてさまざまな情報開示に協力する姿勢のことです。「銀行に情報開示する必要はない」と、情報開示に消極的な会社も稀にあります。しかし、そもそも融資取引とはお互いの信用をベースとした取引です。情報開示に消極的なら融資取引をすべきではありません。なぜなら、お互いが無理を感じ、将来的に取引解消に至る場合が多いからです。

他行との取引バランスとは、さまざまな銀行取引を複数の銀行とバランスよく取引

しているかどうか、ということです。悪い例は、融資取引はA銀行に集中し、預金取引はB銀行に集中し、外国為替取引はC銀行に集中、など特定の銀行に取引が集中している状況です。やはり、融資取引がある銀行には、それ以外の銀行取引もほしいところです。

融資審査の際に、取引拡大や情報開示の姿勢、他行との取引バランスなどを、なぜ銀行では確認するのでしょうか。

それは、銀行の収益源となる、融資取引以外の銀行取引や、取引拡大のために必要な情報を銀行が欲しているからです。

昨今の**マイナス金利時代では、融資取引はもはや儲かる取引ではありません。むしろ、M&Aや各種デリバティブのほうが、銀行にとっては格段に儲かる取引**なのです。

それでは、**儲からない融資取引を銀行はなぜ続けるのでしょうか。**

それは融資取引がストック取引だからです。

デリバティブ取引は、契約締結の際、大きな手数料収入が銀行に入りますが、それ以降は基本的に収入は発生しません。一方で、融資取引は、融資資金が完全に返済されるまで、銀行は金利収入を継続的に得ることができます。

一時的な大きな収入と、少ないけれど安定的に一定額を得る収入の差です。

このため、融資取引は引続き銀行取引の柱となっています。しかしながら、融資取引が儲からないことに変わりありません。だからこそ、他に銀行が儲けることができる取引メリットがないかを確認しようとするのです。

「銀行取引」は、銀行の事情と借り手の事情とが、折り合いがついたところで実現します。一方の言い分ばかりを押し付け合っても、取引自体が長続きしません。

だからこそ、「この銀行と本格的な取引がしたい」とか、「この銀行との融資取引を増やしたい」などと考えるなら、銀行の事情を踏まえて動く必要があるのです。

実際、銀行の事情を踏まえて対応するのとしないのとでは、融資取引にも少なからず影響してくるかもしれません。

コラム

【銀行マンの目のつけどころ／銀行取引】

融資審査の際、銀行取引状況をさまざまな角度から確認します。その代表的なチェックポイントを以下に示しました。銀行では必ず確認しますので把握しておいてください。

☑融資以外の取引をどこの銀行としているか

銀行取引には、融資取引の他に、預金取引や内国為替取引、外国為替取引、社長の個人取引、社員取引、などさまざまな取引があります。そのような融資以外の取引をどこの銀行としているか確認してください。当然ながら、取引の多い銀行のほうが、融資は成功しやすいはずです。

☑銀行への情報開示は積極的か

日頃から、銀行と情報交換はしていますか。試算表を提出しながら、足元の業況を報告したり、他行の借入状況を報告したり、資金繰り表を見ながら当面の資金繰り状況を共有したりしていますか。ぜひ積極的な情報開示をしてください。

そうすれば銀行も融資先の状況を日頃より把握できるため、急な融資相談にも対応しやすくなります。むしろ、金融のプロである銀行マンは、融資先が資金繰りに不安を感じる前に、アドバイスをしてくれるでしょう。

☑融資シェアに応じた預金取引があるか

自分がもし銀行マンだとしましょう。融資相談にきた会社が、他行にたくさんの預金取引があるのに、自分の銀行にはほとんどないとしたら、どう思うでしょうか。

「預金取引をしている銀行に、融資をしてもらえばよいではないか」と不満に思うのではないでしょうか。複数の銀行と取引をしている場合、融資取引のシェアに応じて、預金取引も振り分ける必要があるのはこのためです。そうすれば、各銀行が納得の上、まるく納まるはずです。

☑長期的な銀行取引順位をどうしたいのか

貸出金利の低さだけで、借入銀行を決める経営者がいます。悪いとは言いませんが、会社の業績がいったん悪化した場合、支えてくれる銀行があるのかと心配してしまいます。

不測の事態にも支えてくれる「主力銀行」を望むのであれば、日頃より相応の取引をすべきです。銀行も「主力銀行」だという認識があれば、難しい局面でも、「最終的に自分の銀行で支援しなければ」という責任感が芽生えます。特に厳しい局面での融資審査においては結果に大きな差が生まれるでしょう。

☑銀行に何をもって儲けさせるか

銀行では、取引先ごとに収益を管理しています。つまり、**各取引先に対して目標収益水準が決まっている**のです。そして、他の銀行取引で大きく儲かっていれば、融資金利を勉強することも可能なのです。よく「A銀行さんは、おたくの銀行より金利を勉強してくれたのに」と銀行に不満を言われる経営者がいますが、融資取引以外の銀行取引に差があれば、当然起こり得る事態です。

そして「己《おの》れを知る」
――性格と業績で経営者のタイプが決まる

ここまで、融資をする銀行の立場から、融資審査の8項目をお伝えしました。実際にこの8項目を確認しつつ、銀行は融資審査を進めています。事前に準備しておけば、銀行融資を優位に進めていけるのは道理でしょう。

「孫子の兵法」に、**「将《しょう》 敵《てき》を料《はか》ること能《あた》わず」**（敵について知ることができない将軍は無能だ）とある通りです。

銀行について知らないで、銀行融資の成功などあり得ません。敵を知るとは、孫子の時代から不変の教訓なのです。だからと言ってこの8項目を把握すれば、どんな銀行融資にも成功するのかと言えば残念ながらそうとは限りません。

従来の銀行融資の解説書は、このレベルで終わっていました。すなわち、融資審査のポイントを一方的に示し、それに従えば銀行融資は大丈夫、と唱えていたのです。

だからこそ、いまだに銀行融資に悩む中小企業の経営者が後を絶たないのです。

会社も経営者も千差万別。さらに社長の性格によって経営方針は変わってきます。完璧に対応できる唯一の対策など存在しません。

＊　＊　＊

銀行の考え方をこれまでお話ししてきました。次のステージでは、「己を知る」ことをお伝えします。そして、「敵を知り」、「己を知る」ことで、最終的にみなさんに最適な銀行融資の対策を示していきたいと思います。

Ⓐ会社の業績、**Ⓑ社長の性格**、という2つの軸で、わかりやすく6つのタイプに分類しました。自分がどのタイプになるかチェックしてみてください。

【己を知る6つのタイプ】

①君主タイプ
②軍師タイプ
③将軍タイプ
④武官タイプ

⑤文官タイプ

⑥平民タイプ

Ⓐ会社の業績とⒷ社長の性格、の2つの軸で分類する理由は、この2つの要因が、会社の特徴を決める2大要因だからです。

Ⓐ会社の業績によって経営方針は大きく変わります。業績良好であれば、攻めの経営ができますし、逆に業績不調であれば、その立て直しだけで労力が尽きてしまうかもしれません。

Ⓑ社長の性格でも経営方針は変わります。状況を見極めながら大胆に攻める社長と、慎重に石橋の上を叩いても渡らない社長とでは、長期的視点で見ると大きな差が生じるでしょう。

このように、会社を見極める際、2つの要因を軸に、6つに分類します。この6分類のうちのどこかに必ず分類されるので、自分だけの攻略法が見つかるでしょう。

社長のタイプ別分布図

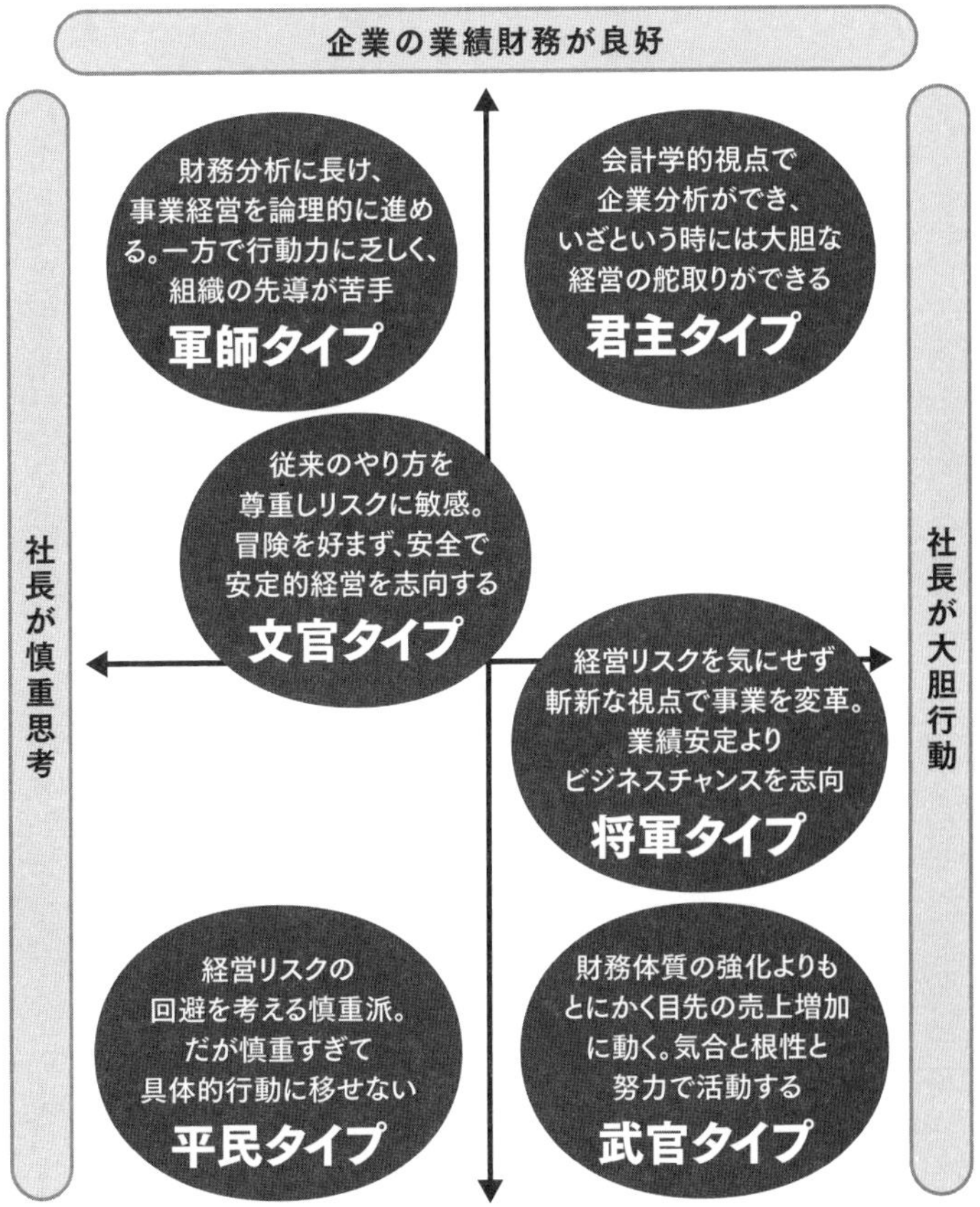
企業の業績財務が良好
社長が慎重思考
社長が大胆行動
財務分析に長け、事業経営を論理的に進める。一方で行動力に乏しく、組織の先導が苦手
軍師タイプ
会計学的視点で企業分析ができ、いざという時には大胆な経営の舵取りができる
君主タイプ
従来のやり方を尊重しリスクに敏感。冒険を好まず、安全で安定的経営を志向する
文官タイプ
経営リスクを気にせず斬新な視点で事業を変革。業績安定よりビジネスチャンスを志向
将軍タイプ
経営リスクの回避を考える慎重派。だが慎重すぎて具体的行動に移せない
平民タイプ
財務体質の強化よりもとにかく目先の売上増加に動く。気合と根性と努力で活動する
武官タイプ
企業の業績財務が不芳

縦軸:『業績財務を柱とする企業力』→客観的企業力を示す、業績財務の良or 悪。
横軸:『社長の性格を柱とする経営力』→社長が、慎重思考or 大胆行動。

① 君主タイプ

俯瞰の視野で企業分析ができ、いざという時には大胆な経営の舵取りができる。マトリクスでは右上部に位置。「会社の業績」は良好、かつ「社長の性格は大胆」というポジション。

「会社の業績」が良好であることは、当然のことながら、財務的見地から自社の強みや弱みを分析し、明確な経営課題を掲げて組織的に取り組んでいる会社と言えます。

また、業績財務に余裕があるため、事業拡大を視野に攻めの経営ができています。

また社長が経験豊富で、会社を取り巻く環境の変化に応じて、大胆に経営の舵取りができるでしょう。経営のツボをしっかり押さえているため、会社は常に安定しています。また、事業発展のために大胆にチャレンジする能力を有しています。

「カリスマ経営者」タイプと言えるでしょう。

会社の業績が良好で、「更なる成長のために大胆にチャレンジできる」と思えたら、このタイプになります。
周囲から見れば会社経営の成功者。さまざまな悩みを抱えながらも、悩みを表に出さないタイプです。

ポイント

【君主タイプ】
俯瞰の視野で企業分析ができ、いざという時には大胆な経営の舵取りができる。

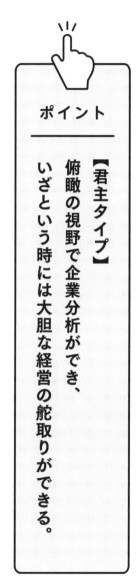

②軍師タイプ

財務分析に長《た》け、事業経営を論理的に進める。一方で行動力に乏しく、組織の先導が苦手。マトリクスでは君主タイプと対称に左上部に位置。「会社の業績」は良好、かつ「社長の性格は慎重」というポジション。

「会社の業績」が良好であることは、君主タイプと同様に、財務分析を活用し、企業力強化に向けて課題を設定、組織的に課題解決に取り組んでいる会社と言えます。また、業績財務に余裕があるため、攻めの会社経営が積極的にできます。

「社長の性格」が慎重。これは君主タイプと正反対のポジションです。社長がさまざまな経営リスクを把握し、リスクを回避もしくは最小化しようとする動きが強いことを意味します。何事にも石橋を叩いて渡る性格は、時に行動力を制限し、結果的に社員の求心力を弱める局面があります。

「ブレイン経営者」タイプと言えるでしょう。

会社の業績が良好で、「リスクを把握したうえで、そのリスクを最小限に抑える行動がとれる」と思えたらこのタイプになります。

周囲から見れば、何でも知っている経営者かもしれませんが、そのことで行動が制限され、悩みの種につながっているのかもしれません。

ポイント

【軍師タイプ】

財務分析に長け、事業経営を論理的に進める。

行動力に乏しく、組織の先導が苦手な面も。

③ 将軍タイプ

リスクを気にせず斬新な視点で事業を変革。業績安定よりチャレンジを志向します。マトリクスの通り、君主タイプの下方に位置。「会社の業績」は普通、かつ「社長の性格は大胆」というポジション。

「会社の業績」が普通であることは、財務力強化に向けて課題がある状況。また、経営資源にそれほど余裕がないため、攻めの経営をするために、相応のリスクを受容せざるを得ません。

「社長の性格」が大胆であることは、攻めの経営をするのに、リスクを恐れない舵取りができるとも言えます。リスクはありますが、飛躍のために大胆にチャレンジすることを志向します。

ベンチャーに多い**「起業家経営者」**タイプと言えるでしょう。

業績が拡大強化を図る途中にあり、「チャレンジ精神旺盛で、事業発展のためなら多少のリスクは受容できる」なら、このタイプになります。

何にでも果敢にチャレンジするパワフルな経営者と周囲は見ているかもしれません。

一方で、このチャレンジのためにリスクを受容する姿勢が、銀行に不安を感じさせるかもしれません。

ポイント

【将軍タイプ】

リスクを気にせず、斬新な視点で事業を変革。

業績安定より新たなチャレンジを志向。

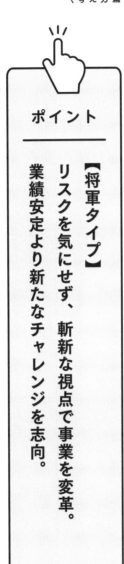

④

武官タイプ

財務体質の強化よりも、とにかく売上増加に動く。気合と根性と努力で活動する。マトリクスでは、将軍タイプの下方に位置。「会社の業績」はいまひとつ、かつ「社長の性格は大胆」というポジション。

「会社の業績」がよくない状況は、業績財務の立て直しが至急必要で、経営課題が山積みされている状況です。優先順位を踏まえて、組織的取り組みを実施している会社と言えます。業績財務に余裕がないため、限られた経営資源を、守りの経営に集中せざるを得ない、厳しい状況が想定されます。

また、「社長の性格」が大胆であることから、通常であれば守りの経営に特化するところ、攻めの経営の機会を伺います。しかし慎重な熟考が足りないのに攻めの経営を志向し、業績拡大を図ろうとします。

「営業マンの武官」タイプと言えるでしょう。

会社の業績が赤字など厳しい状況にあり、「比較的チャレンジ精神旺盛で、会社の窮地を救いたい」と考えているのであれば、このタイプかもしれません。

周囲から見たら、自分が信じた道をまっすぐに突き進み、会社を救う救世主のように見えているかもしれません。一方で、この会社を救う方法が本当に正しいのか、など銀行が不安に思うこともあります。

ポイント

【武官タイプ】
財務体質の強化よりもとにかく売上増加に動く。
気合と根性と努力で活動する。

⑤ 文官タイプ

従来のやり方を尊重し、リスクにも敏感。冒険を好まず安定経営を志向する。マトリクスでは、軍師タイプの下方、将軍タイプの左に位置。「会社の業績」は普通、かつ「社長の性格は慎重」というポジション。

「会社の業績」が普通であることは、財務力強化に向けて課題がある状況。また、業績財務にそれほど余裕がなく、事業拡大を進めるには、相応のリスクを受容せざるを得ない状況が想定されます。

「社長の性格」が慎重であることは、経営リスクに敏感であり、リスク回避もしくはリスクを最小限に抑えるために、従来のやり方を継承したがる保守的なタイプです。何事に対してもじっくり熟考した上で行動し、大胆な経営判断はしないため、業績に大きな変動もありません。

新たなチャレンジをせず、従来のやり方を真面目に積み上げる、**「サラリーマン経**

営者」タイプです。

会社が事業拡大を図る途中にあり、「慎重で保守的」と思えたらこのタイプになります。周囲から見たら、リスクを回避しながら、着実に目の前のハードルをクリアする、お堅い経営者と見られているかもしれません。

ポイント

【文官タイプ】
従来のやり方を尊重し、リスクにも敏感。
慎重かつ保守的で安定志向を好む。

⑥ 平民タイプ

あらゆる経営リスクを考える慎重派。慎重過ぎて具体的な行動に移せない場合が多いのが難点。マトリクスでは、文官タイプの下方、武官タイプの左に位置。「会社の業績」は芳しくなく、かつ「社長の性格は慎重」というポジション。

「会社の業績」が芳しくないので、業績財務の立て直しが急務。経営課題が山積みになっている状況です。優先順位を立てながら、限られた経営資源で取り組んでいる会社と言えます。

「社長の性格」が慎重ということは、経営リスクに敏感で、リスクを回避しようとして、必要以上に保守的になってしまうタイプでもあります。元来、何事にもじっくり熟考した上で慎重に行動するタイプですが、足元の業績不安から、これ以上の業績悪化を招いてはいけないと必要以上に慎重になり、行動に移せません。

チャレンジをせず、現状維持を目標にする、いわゆる**「超保守的な平民」**タイプと言えるでしょう。

会社の業績が芳しくなく、「慎重すぎてなかなか行動に移せない」と感じていたらこのタイプになります。

周囲から見たら、リスクを回避するあまり行動力に乏しく、物足りない経営者と見られているかもしれません。

ポイント

【平民タイプ】
あらゆる経営リスクを考える慎重派。
慎重すぎて具体的な行動に移せないことが多い。

第三章

具体的方法篇

戦わずに融資されやすい状況をつくる行動プラン

前章までに、戦わずして融資を勝ち取るための「心構え」（第1章）と「考え方」（第2章）についてお伝えしてきました。いよいよこの章では、具体的な方法についてお伝えしていきます。あなたがどのタイプに当てはまるのか、あるいはあの社長はどのタイプなのか？　などをイメージしながら、読んでみてください。

君主タイプの行動プラン

このタイプは決算書が読め、財務的課題を認識し対策を打てる、いわゆる**「経営者らしい経営者」**です。理論面だけでなく、行動力もありますから、強力なリーダーシップで組織を容易に先導もできます。そのため、経営手腕も周囲から評価されているでしょう。**「カリスマ経営者」**と呼ばれる人に、このタイプが多く存在します。周囲から称えられるその力量は「君主」そのものです。

〈具体的方法〉

残念な特徴もあります。自信がある分、慎重さに欠ける面があることです。自身の経営哲学に従って成功を手に入れてきただけに、「自分が正しい」という前提を持っています。しかし常に正しいという人はいませんから、「過信」になりがちな点も要注意です。

軋轢《あつれき》が生まれた時、たいていは周囲の人間が我慢する、という形で決着を見るので、本人の自覚のないままに人心が失われることもありがちでしょう。

融資のプロセスは**銀行との対話**です。融資のプロにかかれば、ちょっと話しただけで長所や弱点は見抜かれてしまいます。

「この人はカリスマ性があるが、人の意見を聞かなさそうだ。今はよくても将来はわからない。長期に渡る融資は控えよう」

とか、

「将来、考え方で衝突した時はトラブルが大きくなりそうだ。貸す額は少しずつで様子を見よう」

などです。初対面から見透かされている可能性も考慮に入れながら交渉していくのが「勝者の兵法」と言えるでしょう。

よい特徴

- エネルギッシュな印象を周囲に与える
- 強力なリーダーシップで、全社員を一枚岩にまとめる
- 「この人のためなら何でもする」と思わせる人望がある
- 社員への深い愛情があり、家族同様に最後まで面倒を見る
- 自社に関することは即決して直ちに行動する
- 仕事を何よりも愛し、常に自社のことを考えている
- 自社のことは細部まで把握している
- 企業経営や財務分析を学び、自らの経営哲学を持っている
- 問題が生じても、慌てず冷静に最善の対処法を考え周囲に指示できる
- 「経営課題」という言葉をよく使う
- 課題克服のためにさまざまなチャレンジをし、周囲にも要求する
- 一般人が思いもつかない大胆な発想と行動をとることがある
- 周囲から「カリスマ経営者」と言われる

残念な特徴

・いわゆる「ワンマン社長」
・周囲の意見を聞かないため、社内に意見しにくい雰囲気がある
・意見を曲げない性分から、周囲と衝突する場面が多い
・摩擦は、自分を変えずに周囲を変えることで解決しようとする
・過信から、最悪の事態を想定しない等、慎重さに欠ける面がある
・人並ならぬ情熱や行動に対し、一部社員がついていけない
・後継者に事業承継しないため、後継者や幹部候補が育ちにくい
・社員の社長への信頼が厚い分、後継者はやりにくい
・ワンマン行動のため、経営ノウハウの社内共有化が難しい
・ワンマン経営のため、業績が社長個人の能力に偏りがち
・社外で敵をつくりやすい

ここでケーススタディをご紹介しましょう。君主タイプの経営者の成功事例です。

君主タイプにはどんなことが起こり得るか、そして銀行はどう動くのかを知っておけば、融資の成功率は最大になります。まさに「孫子の兵法」にある**「彼を知り己れを知れば、百戦して殆《あや》うからず」**です。

ケーススタディー

最悪を想定したからこそ成功した銀行融資

Fさんは、業績好調なゴム製品メーカーの社長で、典型的な君主タイプ。財務内容が良好なことから、各銀行が日参するほどでした。Fさんは新たな受注増加を見込んで新工場建築を計画。そのために銀行融資を受けたいと考えました。

社長は当初、銀行融資は容易に成功できると考えました。すぐに銀行に相談しようとも思いましたがいったん思いとどまります。万が一、新工場建築が計画通り進まずに返済が難航すれば、自社の存続も危ぶまれる不安からでした。

〈具体的方法〉

Fさんは、融資相談の前に、不安が解消できる事業計画であるかどうか、何度も見直しました。**「もし自分が融資をする立場なら、安心して融資したい事業計画になっているか？」という銀行の視点でチェック**を繰り返したのです。すると案の定、最悪の事態を想定した場合、大きな問題があることが判明。再度、社員とともに事業計画を練り始めました。悪戦苦闘すること1ヵ月。最悪の場合でも融資返済に問題がない、と言い切れる計画が完成しました。

銀行は、通常の事業計画に加えて、最悪の事態を想定した事業計画を高く評価しました。もちろん融資は成功です。銀行の大きな評価を得たFさんは、その後の銀行取引も優位に進めていくことができました。

Fさんは、

「もし事前に最悪を想定した説明がなかったら、今回の融資はお断りしていたかもしれません」

と銀行の担当者から言われたことが印象に残っていると言います。自らの能力や業績を過信せず、事前に最悪を想定し、謙虚に準備できたことが融資に成功した要因だったのです。

君主タイプの行動プラン⓿……心構え

「君主タイプ」は、経営者としての完成度は高いのですが、能力を過信して慎重さに欠ける行動をとることがあります。見る人が見れば、長所だけでなく短所も見抜かれている可能性がありますから、過信は禁物。自信があっても、最悪の事態を想定し準備するなど慎重な姿勢で融資相談に臨むことが重要です。

目指すべきは、**「大胆かつ繊細」**な経営者像です。相反する2つの要因を兼ね備えてこそ最高の経営者。この心構えこそが、行動の前提となる行動プラン0（ゼロ）と心得ましょう。

君主タイプの行動プラン❶……事前準備

銀行融資には銀行の目線に合わせた事前準備が必要です。「融資稟議書」に沿った、

〈具体的方法〉

事前準備を必ず行いましょう。長年の銀行取引実績があり、どんなに経営能力を評価されていても（評価していると聞かされていても）、です。

「自社は企業業績が良好だから、融資はすぐにＯＫだろう」などと準備もせずに融資相談に臨めば、いずれ痛い目にあいます。なぜなら、業績財務は「銀行の目線」の８項目のひとつの要素に過ぎないからです。

「孫子の兵法」に、

「それいまだ戦《たた》わずして廟算《びょうさん》勝《か》つ者《もの》は、算《さん》を得《え》ること多《おお》ければなり。算多《さんおお》きは勝《か》ち、算少《さんすく》なきは勝《か》たず。而《しか》るをいわんや算《さん》なきに於《お》いてをや」

とあります。

十分な計画を練り準備をしているものは、戦う前から勝利が予定されている。準備が十分な者は勝ち、準備が不十分な者は負ける。準備をしないものは論外である。

事前準備の重要性はいくら指摘してもしすぎではありません。

機会あるごとに話していたとしても、「今さら話す必要はないし、銀行も知っているはず」などと考えず、自社のビジネスモデルの強みや成長性、今後の事業計画や事業戦略などを具体的に銀行マンに説明しましょう。

そして、事前にリハーサルをしましょう。そうすることで、本番でも無理なく、自然に行動することができます。ここを怠って落とし穴に落ちた経営者を、私は数多く見てきました。わずかな労を惜しんで、墓穴を掘らないようにしましょう。

君主タイプの行動プラン❸……相手の話をよく聞く

君主タイプは、自分のペースで、自分の話したいことばかり話し続ける傾向があります。社内では通用しますが、銀行には通じません。銀行の話を、意識して聞くようにしましょう。それにより、銀行との「信頼関係」はより強固なものになります。また、あなたの弱点を大目に見てもらえる可能性も高まります。

君主タイプの行動プラン④……最悪のケースを伝える

あえて最悪のケースも伝え、慎重な姿勢があることをアピールしましょう。銀行と事業の課題・不安を共有していることは、融資審査において大きな評価アップに直結します。

ですので、たとえ自信のある事業計画であっても、

「好調な業績を支える一番重要なファクターが万が一実現しなかった場合どうなるか」

「その場合でも別のファクターで、相応にカバーできるので最終的には大丈夫」

など最悪な事態を想定した話を伝えましょう。伝えるのと伝えないのとでは、融資の成功率に雲泥の差が生まれます。

以上が君主タイプの行動プランになります。

もともと銀行と強固な信頼関係を築きやすい「君主タイプ」にとって、こうした行動プランがあれば「鬼に金棒」です。融資成功率が必ず格段にアップすること請け合いです。

軍師タイプの行動プラン

軍師タイプは企業会計に精通し、財務分析が得意です。あらゆる角度から経営課題や問題点を明示し、解決策も戦略的に打ち出すことができます。経営方針に沿って打ち出された経営戦略・経営戦術は、誰が見ても最適なもので、他の人では簡単に考え出せないアイデアが詰まっています。そのため、「軍師タイプ」の経営者資質は周囲から高く評価され、一目置かれる場合が多いでしょう。いわゆる**「策士」**と呼ばれる人に、このタイプが多く存在します。周囲から称えられるその思考力はまさに「軍師」そのもの。

残念な特徴としては、自社の経営課題に沿った経営戦略や戦術を打ち出すことができても、組織を先導する際にリスクを考え過ぎてしまい、なかなか行動に移せないという面をもっていることが挙げられるでしょう。いくら最良の作戦があっても、実行に移せなければ意味がありません。また、慎重思考の末にようやく社員を先導しようとしても、強力なリーダーシップに乏しく行動力も不足するため、思うように組織を動かせない、という弱みをもっています。

銀行は実績や結果を重視します。事業計画がどんなに素晴らしいものであっても、計画はあくまでも計画。結果ではありません。計画値は、決算書や試算表などの実績値にはかなわないのです。同様に、どんなに素晴らしい経営戦略や戦術があっても結果を残さないと、銀行は評価しません。経営戦略が、絵に描いた餅に終わらないように、行動に移し結果を残していく必要があります。

よい特徴

・常に冷静沈着でどんな状況でも正しい判断ができる

・鋭い観察眼と洞察力を有し、周囲を驚かせる発想ができる
・さまざまな分野において深い見識がある
・発言内容は、論理的で周囲の納得を得ることができる
・勝負での駆け引きがうまい
・何事もじっくり考えてから行動する
・中長期的視点で物事を見ることができる
・自社を常に客観的に見ており、強みと弱みを把握している
・慎重な考え方で、最悪の事態を想定しながら動く
・財務分析は企業経営に必須のスキルと考えている
・「戦略」という言葉をよく使う
・交渉の際は細かいストーリーを気にする
・周囲から、「策士」とよく言われる
・囲碁や将棋、麻雀が好きで、相手をよく負かす
・『孫子の兵法』が愛読書
・サスペンスドラマでは、早い段階で犯人を当ててしまう

〈具体的方法〉

・会社では、企画畑の人が多い
・事前ネゴが得意

残念な特徴

・頭脳明晰ながら行動力が乏しい
・リーダーシップをとり、組織を動かすのが苦手
・慎重に対応するあまり、革新的な考えや行動がとりにくい
・人と付き合うのが、どちらかといえば苦手である
・何を考えているのか周囲から理解されにくい
・優秀であるが故に、仕事を自分だけで完結させようとしがち
・他人に自分の弱みを見せることができない
・友人と話をするより、ひとりでスマホをいじるほうが好きである
・口癖は、「よく考える」
・飲み会の際では先を読み、座席のポジションを気にする

ここで具体的なケーススタディをご紹介します。軍師タイプの経営者が実際に経験した事例です。具体的な事例に接することで、「軍師タイプ」の強みと弱み、具体的に注意しないといけないことをイメージしてください。

ケーススタディー

銀行の考え方を先読みし融資に成功

Gさんは、業績好調な鉄鋼加工卸売業の社長で、軍師タイプです。同業界は、海外進出が難しい業界であり、同業他社との国内市場の奪い合いが熾烈《しれつ》さを増していました。今後は企業規模を拡大しスケールメリットを取りにいくしかないと考えていました。そんなある日、業績良好な同業他社が後継者難で会社を売却するという情報が入ってきました。Gさんは買収を決め、銀行に買収資金を融資してもらうことにしました。

〈具体的方法〉

「策士」と評判のGさんは、5つの点について考えを巡らせました。

❶買収効果による融資返済が問題ないことを明確にする必要がある。
❷でも買収効果とは、単純な両企業の財務の足し算でいいのか？
❸いや、社員は経営者によって変わるはずだ。単純な財務の足し算以上の効果が出せるはず
❹だとしたら、銀行は経営者としての統制力・リーダーシップを見てくるだろう
❺通常の融資準備に加えて、新会社の経営方針をしっかり説明しよう

以前より、リーダーシップの強化が課題であると認識していたGさんは、買収後の大組織を束ねるリーダーシップについて検討しました。そして、事前準備を整え、銀行に融資相談に出かけたのです。

銀行での融資相談はGさんの想定通りでした。銀行は、買収後の会社の姿とその買収効果を、融資審査のポイントと考えました。

「私は、買収した会社の社員一人ひとりと向き合い、コミュニケーションをこまめ

にとることで、安心して働ける職場環境を与えたい」

とGさんは力説。提出された事業計画は、リスクを織り込んだケース別の計画で、銀行から見ても十分に納得できるものでした。

まもなく銀行から「今回の買収資金を支援させてほしい」との連絡がきました。見事に銀行融資を勝ち取ったのです。

勝因は、銀行の考え方を先読みして対応したこと、さらにGさんが弱点と認識していた、組織を先導する強いリーダーシップを銀行に認めてもらったことに尽きるでしょう。

軍師タイプの行動プラン❶……心構え

「軍師タイプ」は、経営者が重視する「戦略の策定」において非常に高い能力を発揮します。しかし、その戦略の実現には「実行力」を必要とすることを忘れてはなりません。

会社の最大の資産は社員です。日頃より、社員をこまめに見てあげて、コミュニケーションをとり、ファンになってもらうことが大切です。経営戦略の実行に、彼らの協力が必要不可欠だからです。

慕われる経営者は、社員に深い愛情を抱いています。だからこそ、社員は経営戦略を実行する局面で、全力で取り組んでくれるのです。この心構えこそが、軍師タイプの行動プラン0《ゼロ》と心得ましょう。

軍師タイプの行動プラン❶……社員と密なコミュニケーションをとる

経営戦略の実行には社員の協力が必要不可欠です。その前提となるのが社員との深い信頼関係です。

そのためには、積極的に社員の頑張りを評価し、こまめなコミュニケーションをとる必要があります。仕事上のことはもちろん、家族のこと、趣味、夢や希望、など社員のことを深く知るための会話です。

人は、自分のことを知ってくれている、評価してくれている人のために、意識付けをしなくとも行動しようとする面があります。だからコミュニケーションが必要なのです。社員を一枚岩にまとめるためにも会社の成長にも欠かせません。銀行もこの点を観察していることを忘れないようにしてください。

軍師タイプの行動プラン❷……経営戦略を社員と共有する

経営戦略の実行には、社員が大きな役割を果たします。経営戦略は一部の役員だけに限らず、全社員と共有しましょう。素晴らしい経営戦略を掲げているのに、一部の社員しか知らないという会社を私は数多く見てきました。経営戦略の実行の担い手は誰なのか。ここの認識が甘いと、人は動かず、結果、実行力は発揮されません。

軍師タイプの行動プラン③……具体的な戦術は部下に任せる

軍師タイプは、有能ゆえにすべてひとりで対応しようとする傾向があります。それでは、残念ながら次世代人材は育ちません。

経営戦略の策定をし、社員と会社の進むべき方向を共有できたのなら、そのあとは社員に任せましょう。軍師タイプにとって、これが一番つらいことだと思います。不安になる気持ちもわかりますが、実はこれこそが一番の経営戦略実現の早道なのです。

「孫子の兵法」に、**「人《ひと》を致《いた》して人《ひと》に致《いた》されず」**とあります。「戦に巧みな人は、相手を思いのままにして、相手の思い通りにされることがない」という意味です。部下に任せることで、部下をヤル気にさせつつ、思いのままにコントロールしていく。これが経営の極意なのです。

軍師タイプの行動プラン④……どんな結果でも責任をもって受け入れる

経営戦略の実行に際し、**部下に任せたら、最後まで任せきりましょう**。そして**どんな結果が出たとしても、すべてあなたの責任のもと受け入れましょう**。想定通りの結果が出ればいいのですが、想定外の悪い結果が出た場合、社員を責める経営者がどれほど多いことか。銀行は企業を診るプロですから、そのような経営者とは、本腰を入れた銀行取引を回避する方向で動きます。

いい結果の時は、社員を必要以上に褒めて褒めて褒め上げてください。そして、悪い結果の時は、社員ではなく自分の責任のもと、失敗の要因と改善策を分析し、真摯に反省した上で次のチャレンジに備えましょう。この対応次第で、社員との信頼関係が大きく変わってきます。あなたを信頼している社員であれば、その悪い結果をあなた以上に悔いていると認識することが大切です。そして、銀行はその時の経営者の資質や包容力を鋭い目で診ているのです。

〈具体的方法〉

「孫子の兵法」に、**「卒《そつ》を視《み》ること嬰児《えいじ》のごとし」**とあります。

「自分の兵士には、自分の子どものように接しなさい」ということです。これは、経営者に求められる姿勢と同様です。社員に対しては愛情をもって、叱る時は叱る、褒める時は褒める、をぜひ励行してください。

会社組織が一枚岩となり、全社員が一丸となってやる気に満ちた時、会社は一番輝きを放って強くなります。そして、銀行はそういう会社と取引をしたくてたまらないのです。融資成功率が格段にアップするだけでなく、いい意味で今後の銀行取引に大きな影響を与えることは間違いありません。

「孫子の兵法」に、**「善《よ》く兵《へい》を用《もち》うる者《もの》は、道《みち》を修《おさ》めて法《ほう》を保《たも》つ」**とあります。

戦の上手な人は、政治（組織の統制）を立派に行い、更に軍政（規律）をよく守る。だから、勝敗を自由に決することができる、という意味です。いつの時代も、人々をまとめ上げるリーダーが、勝利を収めることは言うまでもありません。

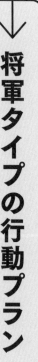

将軍タイプの行動プラン

このタイプは、斬新な視点で新たなビジネスにチャレンジにします。情熱溢れる行動力で、多少のリスクにも動じることなく、新たなチャレンジにこだわるのです。総じて業績財務は盤石ではありませんが、ビジネスモデルの強みや斬新なアイデアから周囲の人々を惹きつけます。**「ベンチャー経営者」に多いタイプ**です。パワフルな行動力に加えて強力なリーダーシップで組織を容易に先導もします。そのため、経営手腕を評価されることが多いでしょう。企業体力は、これからのところも多いですが、魅力的なビジネスモデルと人間力を兼ね備え、強力なリーダーシップで会社を引っ張っていく勇敢な姿は、まさに「将軍」そのもの。

残念な特徴としては、新たなビジネスチャレンジに伴う経営リスクを認識していたとしても、そのリスクを回避する、もしくは最小限に抑える行動を軽視してしまう面

〈具体的方法〉

があることが挙げられるでしょう。

ビジネスチャレンジにリスクは付きものであり、リスクを必要以上に恐れるのは問題です。しかし、リスクを軽視し、最小限に抑える行動をとらないのも同様に問題です。

また、業績財務にそれほど余裕がないために、攻めの経営と守りの経営のバランスが重要になってきますが、将軍タイプは、とかく攻めの経営に傾きがちで守りをおろそかにする傾向があるのも要注意です。

実は**銀行マンの意識の根底にある考え方は、「想定されるリスクを最小限に抑えながら攻める」**です。

審査で融資リスクがない案件はありません。銀行マンは融資リスクを許容できるレベルまで最小限に抑える方法を検討します。担保や保証を受け入れたり、融資期間を短くしたり、融資金額を減額したり、などです。それでも、融資リスクを許容できない場合は見送ることになります。

そのような考え方をしている銀行マンにとって、「ビジネスチャレンジのために、リスクを最小限に抑える努力を怠る」経営者は、必要以上に目についてしまうものです。経営者として本来評価されるべきビジネスチャレンジ精神が、一方でリスク管理の乏しさゆえに、銀行の評価を落とすことがないようにする必要があります。このあたりを踏まえながら対応していくことが、銀行融資に成功するために大切になります。

よい特徴

・しきたりや慣習などにとらわれない斬新な発想ができる
・人的魅力を有し、周囲の人が自然と引き寄せられる
・交友関係が広く、多方面に人的ネットワークを持っている
・トップではなく、オンリーワンになることを考えている
・周囲へのアピールがうまい
・人々が想像もしない行動をとる
・常に長期視点で物事を見ている
・たいていのことに動じず、反対されても自分の信じる道を進む
・「財務分析よりビジネスモデル」と考えている

〈具体的方法〉

・「チャレンジ」という言葉をよく使う
・ここぞという時に、爆発的な力を発揮する
・周囲から、「異端児」とよく言われる
・新作や新商品など、新しいものに強い興味をもつ
・さまざまなカテゴリーの情報収集が好き
・平凡な安定的な人生より、波乱万丈の人生を好む
・1を2にするより、0を1にすることを好む（無から有を生む）
・常に楽観的で前向きである

残念な特徴

・常に全力で走り続け、立ち止まって熟考することが苦手
・効率的考えで、自分に不要だと思ったらドライに切り捨てる
・革新的な考えから、安易にリスクを受容してしまう
・外部環境の変化にかかわらず、チャレンジを好む
・自分の信じた道を進み、周囲の意見を聞こうとしない

・ルーティンワークが苦手
・自分の世界を持っており周囲から理解されずらい
・自信過剰な面がある
・予定外の面談など、自分の時間を束縛することを嫌がる
・派手なことは好きだが、地味な目立たないことは苦手
・口癖は、「それは過去の遺物だ！」
・飲み会には、まだ行ったことがない新しい店に行きたがる

ケーススタディー

経営リスクを見極め、新規事業の融資に成功

Hさんは、設立間もないベンチャー企業の社長です。天候によって、農作物の生産高に大きな増減があることを問題視したHさんは、人工光を活用し、温度や湿度

を管理した人工栽培工場を企画し、農家や各企業に提案しました。
この企画だと、不確定な天候の影響を受けないため、一定期間に一定量の農作物が計画的に生産でき、市場価格も安定するのです。業界初のこの企画は、海外からもたくさんのニーズがありました。すぐに受注が入り、工場建設資金として銀行融資を計画しました。

ベンチャー企業の経営者の多くは、誰もが称賛するビジネスモデルを掲げて、大胆に新市場への参入を図ります。その際、経営リスクが行く手を立ちふさぐのですが、旺盛なチャレンジ精神と勢いで、そのまま突き進むことが多いのです。
融資審査をする銀行マンからすれば、少なくとも想定されるリスクに対しては、最低限の対応策を準備しておいてほしいものです。そうでないと、そもそも事業が継続できるかどうかの見極めが難しく、融資どころの話ではなくなるからです。

幸いにしてHさんは、ベンチャー企業の社長には珍しく、新規事業に伴うリスクをていねいに抽出し、それぞれのリスクにどう対応していくかをレポートにして銀行に提出していました。

実はHさん、学生時代に中小企業診断士の資格を取得しており、企業財務に精通していました。中小企業診断士としてのスキルやノウハウを活用し、銀行マンにわかりやすく、リスク対応策を示していたのです。事業計画もリスクを織り込んだケース別の計画で、銀行から見て納得できるものでした。

融資担当の銀行マンは、安心して融資審査を進めることができました。それは、資料のクオリティーが高かったからだけではありません。Hさんが、**新規事業に果敢にチャレンジする「攻めの姿勢」とともに、経営リスクを冷静に見極め、対策を検討する「守りの姿勢」も兼ね備えていた**からです。

まもなく銀行融資は実行され、新規事業は無事にスタートを切りました。その後、Hさんが順調に事業拡大を進めていることは言うまでもありません。**新規事業に積極的にチャレンジするという「攻めの姿勢」と、想定されるすべてのリスクの対策を検討するという「守りの姿勢」とのバランスを銀行が評価**した好事例です。

将軍タイプの行動プラン⓪……心構え

「将軍タイプ」は、「攻めの経営」において非常に高い能力をもっています。斬新な視点と情熱溢れる行動力とで、新たなビジネスチャレンジへと果敢に挑みます。多少のリスクがあっても動じません。だからこそ、想定されるリスクに対し、各々対策を検討するという「守りの経営」を軽視してはなりません。**リスクを最小限に抑える行動をとらないのは経営者として失格**です。

最高の経営者は、進むべきビジネスであれば果敢にチャレンジしますが、それに伴うリスクの大きさも見極め、リスク回避、もしくはリスクを最小限にする対策を検討することを怠りません。この**「攻めの経営」と「守りの経営」の両輪がビジネスにおいて必須**であることを認識することが大切です。この心構えこそが、行動の前提となる、いわば行動プラン０（ゼロ）と心得ましょう。

将軍タイプの行動プラン❶……

ビジネスチャレンジに伴う経営リスクを見極める

ビジネスチャレンジには、経営リスクが伴います。逆にリスクを伴わないチャレンジはありません。

要は、そのリスクがどのようなものなのか、会社に与える影響はどれほどか、そしてそのリスクを受容した場合に最悪のケースとしてどのようなことが想定されるのか、などを把握することが重要なのです。

完全に把握されたリスクは、すでにリスクではありません。想定される事態を前提に行動していけばいいのですから。

このこと認識して経営をしていくことが大切です。

将軍タイプの行動プラン❷……経営リスクの回避や最小化を検討する

想定されるリスクを把握した以上、回避する、もしくはその影響を最小限に抑える対策を検討することは当然のことです。

自社がおかれている環境や状況、タイミングによって、容易に回避できるリスクもあれば、少し対応するだけで半減するリスクもあります。リスク対策は、全体を把握している経営者だからこそ検討できるのです。

このリスク対策が、「将軍タイプ」にとって一番必要かつ重要なことになります。銀行マンも融資審査を進めていくなかで、一番注目している部分です。

常にリスク対応できる体制を社内に構築するのが必須かと思います。

将軍タイプの行動プラン❸……

リスクによるデメリットとビジネスチャレンジで得るメリットを比較する

ビジネスチャレンジに伴う経営リスクを見極め、その対策を検討した結果、自社に与えるリスクの影響度合いが見えてきます。そうしたら改めて、その実質的リスクの大きさと、ビジネスチャレンジで得るメリットの大きさを比較してください。

ビジネスチャレンジによるメリットが大きい場合、失敗を恐れずに果敢にチャレンジしてみましょう。想定されるリスク対策はすでに検討されているため、チャレンジのハードルは従来よりも低くなっているはずです。

「将軍タイプ」にとって難しいのは、逆のパターン、すなわち実質的なリスクがビジネスチャレンジのメリットを上回る場合です。この場合は、ビジネスと割り切ってこのチャレンジはあきらめましょう。**勇気がいることですがきっぱりと「今回のビジネ**

スチャレンジは見送る」という判断を下せるかどうかが、「将軍タイプ」にとっての課題です。

融資審査では顕在するリスクの大きさを判断し、融資をするかどうかを見極めます。リスクが大きすぎる場合、銀行は支援できないという判断を下します。銀行マンの本心を代弁すると、「できれば銀行に相談する前に経営者自身で判断してほしかった」ということになります。

将軍タイプの行動プラン④……客観的にリスクを意識しながら経営する

「将軍タイプ」は、リスクを常に意識しながら経営を進めていきましょう。これは、「将軍タイプ」が、果敢にビジネスチャレンジをする情熱を持っているからこそ、特にお伝えしたいことです。リスクを意識した経営をされれば、理想の経営者に近づくでしょう。

「孫子の兵法」に、**「敵《てき》を殺《ころ》すものは怒《ど》なり。敵《てき》の利《り》を取《と》るものは貨《か》なり」**とあります。

敵を殺すのは、奮い立つ心であるが、敵の物資を奪い取るのは、自分たちの経済的利益のためである、という意味になります。

戦争は費用がかかる。だから、敵を打ち破ることを考えつつも、自国の利益のことも忘れずにいなくてはならない、という教えです。ビジネスにおいても同様。果敢にビジネスチャレンジする情熱とともに、一方でリスクを客観的に判断して進めることが何よりも大切なのです。

ここで再び「孫子の兵法」から。

「智者《ちしゃ》の慮《りょ》は必《かなら》ず利害《りがい》に雑《まじ》う。利《り》に雑《まじ》えて、而《しか》して務《つと》め信《の》ぶべきなり。害《がい》に雑《まじ》えて、而《しか》して患《うれ》い解《と》くべきなり」

これは、「智者は必ず、利と害の両方をあわせて考える。有利な時にも、必ず害の面を考えているので、成功を収めることができる。害となるものにおいても、利益となる面も見るから、不測の心配もなくすことができる」という意味です。

以上、将軍タイプの行動プランをお伝えしました。このような行動プランを実行することにより、あなたのマネジメント力はさらに強固なものとなり、銀行の評価も高まるでしょう。その結果、銀行融資も優位に動くはずです。

↓武官タイプの行動プラン

会社の業績は厳しい状況にありますが、性格が大胆であることから、厳しい経営環境のなかでも「守り」だけでなく、「攻めの経営」へのチャンスをうかがうタイプです。

逆境に強く、ピンチになればなるほど、本領を発揮。厳しい状況でも、「気合と努力と根性」をもって取り組めば、どんな困難でも克服できると信じています。自分が正しいと判断したら、周囲がどんなに反対しても猪突猛進する強靭な行動力は、まさに「武官」そのものです。

武官タイプは、業績財務に余裕がなく、「守りの経営」に特化せざるをえない中、大胆な発想で「攻め」のチャンスをうかがいます。その際、慎重な検討が足りず、業績拡大＝売上増加を最大の目標として動きがちという残念な特徴も指摘できるでしょう。

売上増加を目標にすることはもちろん悪いことではありません。しかし、**売上より利益を優先すべき局面もありますし、財務（BS）強化を優先すべき局面もある**のです。タイミングや環境を踏まえて、会社が進むべき最適な方向性を考えなければならないのに、武官タイプは、「何が何でも売上増加」と固執しがちです。

特に、銀行の融資審査においては、売上以上に重要なのが利益です。このように、審査の考え方と売上至上主義の考え方は、時に正面からぶつかる可能性がありますので、注意したほうがいいでしょう。

よい特徴

- 自分を信じて努力すれば必ず成功できるはず、と考える
- 交友関係が広く、多方面に人的ネットワークを持っている
- 人的魅力を有し、人とのつながりを大切にする
- 売上増加が唯一の業績改善の方法と考える
- ハートが熱く人情味がある

〈具体的方法〉

・多少の困難があっても最後まであきらめない
・地味な内部管理より、営業により実績を積み上げるほうが好き
・周囲から反対されても自分の信じる道をつき進む
・「机上の財務分析」より「苦労した汗の量」を優先する
・「気合、努力、根性」という言葉をよく使う
・表面的にはソフトだが、心が強い
・周囲から、「アウトドア派」とよく言われる
・取引先の動向に強い関心がある
・会社では営業畑の人が多い
・親分肌で部下を必ず守る
・懇親会などでは、自分から場を盛り上げる
・スポーツなど体を動かすことが好き

残念な特徴

・しっかり考える前に行動してしまう

・論理的に物事を考えるのが苦手
・業績悪化を、景気など外部環境のせいにする
・視野が短期的かつ狭い傾向にある
・相手に共感するあまり、判断がぶれる
・論理的ではなく、感覚的に仕事を進める
・相手を勧誘するのは得意だが、説得するのは苦手
・自信過剰な面がある
・上下関係は必要以上に厳しい
・派手なことは好きだが、地味で目立たないことは苦手
・口癖は、「最後まであきらめるな」
・数字による分析はどちらかといえば苦手

〈具体的方法〉

ケーススタディー

業績回復のための売上至上主義で融資に失敗

Jさんは、油圧機械部品メーカーの社長です。先代社長の代に大赤字を計上した関係で、過去からの累積を示す貸借対照表（BS）は、債務超過（負債部分が大きすぎて、自己資本がマイナスの状態）と厳しい状況にあります。しかし、最近では毎期利益を計上しており、会社一丸となって奮闘していました。

自社の問題点である債務超過を解消するには、利益の増加が必要。利益増加のためには売上増加が必要。最終的に自社に必要なのは「売上増加」と考え、とにかく売上拡大のために取引先を開拓しました。努力が実り、売上は着実に拡大し、それに伴い増加運転資金も発生し、銀行に融資相談に行きました。

銀行は、社長の努力を知っていたため、どうにか力になりたいと考えました。しかし業績財務を分析すればするほど難しいことに気づくのです。最終的に融資は見送られました。理由は、無理な売上拡大のために、採算が悪い受注を多く取り込み、結果的に利益率が大きく低下したためです。赤字になることは明らかでした。銀行は、「債務超過の解消のために、自己資本を増やしてはいかがですか」と提案。

Jさんは考えたあげくに、第三者割当増資を計画。業務上長年にわたり協力し合ってきた会社からの出資を受けることにしたのです。実はその会社、Jさんの親戚が経営する会社で、第三者増資の話はスムーズに進みました。その会社からの増資により債務超過は解消。売上増加のための低採算受注も止めました。利益も従来通り計上できるように。

Jさんは、改めて銀行に運転資金の融資相談をしました。

「よく売上至上主義を変更できましたね。経営者は、状況を見ながら経営戦略を変えていく必要がありますが実はこれが難しい。経営戦略を変更し、その成果を出すには相当苦労したはず。よく頑張りましたね」

銀行はJさんの決断と行動力を称え、融資は、直ちに実行されました。

「孫子の兵法」にこうあります。

「死地《しち》に陥《おとしい》れて然《しか》る後《のち》に生《い》く。それ衆《しゅう》は害《がい》に陥《おとしい》れて、然《しか》る後《のち》によく勝敗《しょうはい》をなす」

死ぬような状況に陥ってこそ、死力を尽くす。軍隊を絶体絶命の窮地に立たせたならば、兵隊は死に物狂いで戦う、という意味です。

Jさんは、一度は銀行融資に失敗しましたが、その後銀行の提案を受け入れ、従来の考え方や行動を変えることで融資に成功しました。

武官タイプの行動プラン⓿……心構え

「武官タイプ」は、厳しい経営環境のなかでも、最後まであきらめず奮闘します。通常であれば、「守り」に特化し、これ以上の業績悪化を回避しようとしますが、大胆な発想のもと、「攻めの経営」でこの状況から脱却しようとするのです。

問題は、その「攻めの経営」が売上拡大を図る売上至上主義に偏りがちなことです。

方法はひとつではありません。

会社の状況を踏まえ、ベストな方法で対応すること。このことを認識し、状況に応じて経営戦略を検討していくことが重要です。この心構えこそが、行動の前提となる、いわば行動プラン０（ゼロ）と心得ましょう。

武官タイプの行動プラン❶……業績財務不芳《ふほう》の原因を把握する

会社の業績がよくないことに悩んでいる武官タイプに必要なのは、「業績悪化の原因をきちんと見極める」ことです。ここが間違っているとすべてが水の泡となります。業績悪化の本質的な原因と、生じた経緯を深掘りしましょう。さまざまな角度から原因分析すると、これまで気づかなかった事実が見えてくるはずです。

武官タイプの行動プラン❷……業績財務の改善策を抽出する

業績悪化の本質的原因が解明できれば、改善策は見えてくるでしょう。先述しましたが、大切なのは「改善策はひとつではない」こと。会社の状況を踏まえ、最適な改善策を見出しましょう。

「売上拡大をすれば、必ず業績は改善する」と短絡的に決めつけるのは無意味です。経営方針や外部環境を勘案した上で、ベストな改善策を検討することは経営者にしかできないのです。

武官タイプの行動プラン③……銀行や会計士とも必ず相談する

最適な業績改善方法を決定したら、セカンドオピニオンとして、銀行や会計士などにも相談してみましょう。銀行や会計士はさまざまな会社を診断しています。似たケースの業績改善策を検討した経験もあるはずで、注意事項や問題点も知っているはず。ノウハウを持った人たちの力添えを得ることも、経営者の大切な能力のひとつ。銀行や会計士への相談は面倒ですが、会社のため、さらには社員と家族のため、と考えればできるはずです。また、銀行に相談することで、業績改善への対応策が共有できますし、節々でアドバイスをもらえるでしょう。

武官タイプの行動プラン④……具体的アクションプランを策定する

「武官タイプ」は、分析と改善策の決定で安心してしまいがちです。改善策は、実行して結果を残さなければ完了しません。必要なのは、**改善策に沿った具体的アクションプランの作成とアクションプランの組織的な実行**です。

改善策を実行していく過程で、会社組織がより筋肉質に成長していきます。社員全員と成功を共有できれば一体感も増すことでしょう。銀行もこのようなプロセスを見ていきます。そして、「自力で成長を遂げることができる会社」かどうかを見極めようとしています。

「孫子の兵法」にこうあります。

「戦《たたか》いの地《ち》を知《し》り、戦《たたか》いの日《ひ》を知《し》れば、則《すなわ》ち千里《せんり》にして会戦《かいせん》すべし。戦《たたか》いの地《ち》を知《し》ら

〈具体的方法〉

ず、戦《たたか》いの日《ひ》を知《し》らざれば、則《すなわ》ち左《ひだり》、右《みぎ》を救《すく》う能《あた》わず、右《みぎ》、左《ひだり》を救《すく》う能《あた》わず、前《まえ》、後《うしろ》を救《すく》う能《あた》わず、後《うしろ》、前《まえ》を救《すく》う能《あた》わず。而《しか》るを況《いわん》や遠《とお》きは数十里《すうじゅうり》、近《ちか》きは数里《すうり》なるをや」

戦うべき場所を知り、戦いの日がわかれば、遠く離れた場所でも行軍して戦うべきである。なぜなら、戦う場所や戦う日を知らなければ、左の部隊は右の部隊を救援することはできず、右の部隊は左の部隊を救援することはできない。前の部隊は後の部隊を救援することはできず、後の部隊は前の部隊を救援することはできないことになる。これでは勝てるわけがありません。

戦う場所と日時を正確に知り、十分な準備をした上で戦いに挑むべきで、無謀な戦いはしてはいけないのです。

武官タイプは是非とも、原因と改善策を正確に見極め、銀行融資という決戦に挑んでほしいと思います。

文官タイプの行動プラン

このタイプは、リスクに対し敏感に反応します。事前にリスクを想定し、回避策あるいは最小限に抑える策を納得がいくまで検討します。そしてリスクを最小限に抑えた上で、経営を進めていくのです。

「石橋を叩いても渡らない」慎重派ですから、先が読めないビジネスチャレンジや不確実性が大きい経営には消極的です。結果的に保守経営となることから、平時の経営では業績も安定推移します。

減点主義で評価されるサラリーマンをイメージさせる、いわゆる**「サラリーマン経営者」**タイプです。

残念な特徴として、慎重すぎる考え方が時に足を引っ張り、「攻めの経営」ができないことが挙げられるでしょう。業績財務も際立って良好とは言えないため、外部環境に応じて「攻めの経営」に舵取りをしないと、業績がジリ貧になってしまいます。

〈具体的方法〉

その場合でも、「文官タイプ」は、新たに経営戦略を変えようとせず、安心できる従来のやり方に固執しがちです。

これは、会社経営にとっては致命的です。**状況に応じて、「攻めの経営」と「守りの経営」をバランスよく舵取りしていくことが要求されている乱世の時代の現在では、ここぞという場面で躊躇してはならない**のです。

要は、従来のやり方のいい部分と悪い部分を見極め、いい部分は継承しつつ悪い部分は積極的に改善していくことが必要です。時代は非常に速いスピードで動いています。過去の成功法則が果たして今後も通用するでしょうか。

「文官タイプ」は、業績財務の強化に向けて問題意識を抱いているはずです。成長のためには、新たなやり方を取り入れる必要があると薄々気づいてもいるでしょう。必要以上にリスクを恐れることで、成長の機会を閉ざしてはなりません。敏感なリスク感受性を持っているだけに、正しく活用し、強い会社経営を目指してほしいと思います。銀行も融資審査に際し、そのあたりに目を光らせて見ています。

よい特徴

- 仕事は従来のやり方が安心できるし、一番だと考える
- チャレンジして失敗するより、チャレンジしないで失敗を回避するほうがよいと考える
- リスクを恐れるので、さまざまな分野において勉強を怠らない
- 発言は、周囲の反応を気にしながら話す
- 「歴史は繰り返す」を念頭に歴史の本をよく読む
- 行動する前にリスクを考えてから動く
- 自分で創造するのは苦手だが、与えられた課題は完璧にこなす
- 失敗は最大の悪と考えている
- 財務分析は企業経営に必須と考え、特に勉強している
- 「リスクヘッジ」という言葉をよく使う
- 過去からの伝統や慣習を重んじる
- 競馬や競輪などリスクが大きい賭け事は決してやらない

〈具体的方法〉

- 「気配り」がモットー
- 会社では管理畑の人が多い
- さまざまなリスクを想定した事前のネゴシエーションが得意

残念な特徴

- 「何をすべきか」ではなく、「何ができるか」を考えてしまう
- リーダーシップをとり、組織を動かすのは苦手
- 慎重に対応するあまり、革新的な考えや行動がとりにくい
- 新しいことにチャレンジするより、従来のやり方を好む
- 常に慎重な考え方で、最悪の事態を想定しながら動く
- ルーティンワークは強いが、クリエイティブな仕事は苦手
- 視野が狭く短期的
- 心配性で、あれこれ悪いほうに考えてしまう
- 多数の人がやっていることが正しい、と錯覚しがち
- 自分より力のある人に対しては強く言えない

・周囲から、「サラリーマン社長」と言われる
・敵をつくらない八方美人
・口癖は、「昔からこのやり方でやっていたので正しいはず」
・どちらかというと悲観的考え方をする

ケーススタディー

従来のやり方にこだわり過ぎて銀行融資に失敗

Iさんは、70代になる精密金型板金業の社長です。同業界は、特殊技術がある会社以外は、総じて業界環境が厳しく、淘汰が進んでいる業界です。会社の業績は不調ではないものの、際立っていいという状況でもありません。先行きジリ貧状態になるのではとIさんは悩んでいました。

悩みを聞いた銀行は業態変換を提案しました。板金業から不動産賃貸業への事業

〈具体的方法〉

変更を提案したのです。先代から引き継いだ板金工場の敷地は、都内の利便性のよい場所にあったため、工場を最小限に縮小し、余った土地に大規模マンションを建設、安定的な家賃収入を得ることを提案したのです。

提案を聞いたＩさんは悩みました。今まで、板金業一筋、マンション経営など考えたこともありません。未知な事業に対する不安もありました。一方でこのまま板金業を続けても明るい将来は見込めない。加えて後継者がいないため、いつかは板金業から足を洗わないといけないこともわかっていました。

悩んだ末に従来の板金業を継続することに決めました。残念ながら、その判断に根拠はなく、ただ**「これまでやってきたことなので、一番安心できる」**と考えたのです。将来的な会社のイメージもなく、事業承継の考えもまとまらず、社員の行く末も不透明なままでの決断でした。そしてＩさんは、板金業の長期運転資金を銀行融資で調達しようと、銀行へ相談に行きました。

審査で一番のポイントになったのは、

「会社の将来像が不透明な中で、長期融資は大丈夫なのか」

ということでした。

後継者がいないため、Iさんが万が一の場合に誰も会社を経営できない状況が見えているのです。銀行は長期資金を融資することは難しいと判断、見送りになりました。さらに、会社の先行きを真剣に考えないIさんの経営者としての資質を危惧する声も銀行にはありました。

Iさんの会社は、まだ将来の方向性を選択できる余裕があります。だからこそ今、社員とその家族のためにも、銀行はこれから会社が歩むべき道を真剣に考えてほしかったのでしょう。

この考えを聞いたIさんは、自分に何が欠けていて、何をすべきであったか、を明確に自覚することができました。そして、真剣に自社の将来について検討したのです。

数年後、Iさんは不動産賃貸業に業態変換しました。そして、そこまで真剣に会社の将来を検討したIさんを、銀行は高く評価し、マンション建築資金も融資したのでした。

文官タイプの行動プラン❶……心構え

「文官タイプ」は、経営者にとって大切な「経営リスク」に敏感に反応します。だからこそ、そのリスクを回避しようとし、結果的に従来のやり方に固執しがち。しかし、リスクに過敏になることで、結果的にビジネスチャレンジに消極的になってしまいがちなので要注意です。

会社経営には、「攻め」と「守り」が必要不可欠で、積極的なビジネスチャレンジなくして成長はあり得ません。

また、「文官タイプ」が経営する会社は、業績や資金繰りに切迫感を感じるほど追い込まれておらず、「守りの経営」に徹する必要もないはずです。むしろ成長を見越して、積極的にビジネスチャレンジをしていくべきなのです。将来、業績が厳しくなって、「守り」に徹するしかなくなってからでは遅過ぎます。

有能な経営者は、**リスクに敏感に反応しつつも、そのリスクをコントロールできるかどうかを検討**します。

コントロールができると判断した場合は、リスクを最小限に抑えつつ、リスクを受容した上で、成長のためにビジネスチャレンジするのです。この心構えこそが、行動の前提となる、いわば行動プラン０（ゼロ）と心得ましょう。

文官タイプの行動プラン❶……従来のやり方に内在する経営リスクを見極める

時代の流れは、ものすごい速さで変化しており、従来の成功法則を踏襲すること自体に大きなリスクが内包されています。**リスクヘッジのために、従来のやり方を踏襲するのであれば、それこそがリスクである**ことを認識してください。

従来のやり方における経営リスクを見極めることができれば、ビジネスチャレンジによる新たな経営リスクとの比較が可能になり、ビジネスチャレンジを前向きに検討できるはずです。

〈具体的方法〉

文官タイプの行動プラン❷……

ビジネスチャレンジによる新リスクを見極める

新たなビジネスチャレンジを考えるのであれば、今度は、その新リスクも検討してみましょう。自社に与える影響度合いを見極めれば、恐るるに足らずという場合も往々にしてあるのです。

新リスクが許容できれば、ビジネスチャレンジによるメリットを、明確にイメージしてみましょう。ここまで至れば、リスクに過敏になってチャレンジに消極的になっていたことが、バカらしく思えるかもしれません。

恐怖心は、実態が不明だから生まれ、実態が明確に把握できた途端、消えてなくなるのです。

文官タイプの行動プラン❸……従来のリスクと新リスクを比較する

次にやるべきことは、行動プラン❶および❷で、見極めた各々のリスクを比較することです。この比較により、進むべき道が明確になるでしょう。文官タイプは、従来のやり方を踏襲しがちですが、2つのリスクを比較してみると、従来のやり方のほうがリスクが大きいという場合も出てきます。

「孫子の兵法」に、**「利《り》に雑《まじ》りて、而《しか》して務《つと》め信《の》ぶべきなり。害《がい》に雑《まじ》えて、而《しか》して患《うれい》解《と》くべきなり」**とあります。

利と見られることにも、害となる側面を交えて考慮するなら、事業はきっと成功するだろう。害と見られることにも利となる側面を交えて考えるなら、憂患から解放される、という意味になります。

物事の本質は利害が混在していて一方に偏ることはありません。どのような状況でも、メリットとリスクは存在するのですから、見極めるのが大切なのですね。

文官タイプの行動プラン❹……リスクコントロールの具体策を検討する

2つのリスクを比較して、最終的に進むべき道が固まれば、その道を進むことを前提に経営リスクを最小限に抑えることを検討しましょう。経営リスクは、文官タイプの積極的な働きかけにより、ある程度コントロールすることができるでしょう。**大切なのは具体策**です。会社の個別事情を踏まえて最適な具体策を考えるのです。

ここまでくれば、会社経営に幅が出てきます。

実はこのことは、銀行融資に非常に大きく影響してきます。なぜなら、会社がどのような状況に陥っても、冷静な判断でリスクを見極め、会社が進むべき道を追求していけば、銀行に安心感を与えることにつながるからです。

「孫子の兵法」に、**「兵《へい》を用《もち》うるの法《ほう》、その来《き》たらざるを恃《たの》むことなく、吾《われ》の以《も》って待《ま》つ有《あ》ることを恃《たの》むなり。その攻《せ》めざるを恃《たの》むことなく、吾《われ》の攻《せ》むべからざる所《ところ》有《あ》る**

を恃《たの》むなり」とあります。

「戦の原則は、敵が攻めてこないことをあてにするのでなく、自軍が待ち受ける備えがあることを頼みにすることである。敵が攻撃しないことをあてにするのではなく、自軍は敵軍が攻撃できない態勢にあることを頼みにすることである」という意味になります。

どんな場面であれ、敵の攻撃に対する準備と態勢を整えておくことが大切であり、物事に対する**両面思考の重要性**を示していると言えるのではないでしょうか。

以上、文官タイプの行動プランをお伝えしました。以上のような行動プランを実行することにより、会社は、リスクをしっかり見極めたうえで、積極的にビジネスチャレンジを試みることができるでしょう。そして、結果的に会社の事業拡大につながっていくはずです。

〈具体的方法〉

↓平民タイプの行動プラン

　このタイプは、会社の業績が芳しくなく、業績財務の立て直しが急務な状況になると、改善策を示し、限られた経営資源を効率的に活用し、会社一丸となって取り組もうとします。一方で、「社長の性格」は慎重で、経営リスクに敏感に反応し、リスクを回避するために最善を尽くすタイプとも言えます。元来、何事に対しても熟考した上で行動するタイプ。これ以上の業績悪化を回避しようとリスクを想定し、慎重に行動します。

　一方で、残念な特徴もあります。業績財務が厳しい環境下、「守り」に徹する選択しかないことです。慎重な性格から、「攻めの経営」まで手が回らないのです。まさに目先の課題に追われ、その対応に終始する日々を過ごしてしまいがちです。

　また、慎重思考から斬新な業績改善策を見い出せず、懸命に頑張ってはいるが業績低迷から脱却できない経営者が多いので要注意。新たなチャレンジをしようとせず、現状維持を目標にする**「超保守的経営者」**タイプと言えるでしょう。

業績回復を図るために、銀行もさまざまな提案をしますが、決断をするのは銀行ではなく経営者です。経営者が、業績回復のために新たなリスクを受容しなければ、そこで終わりです。

銀行は経営者の手腕に目を光らせています。会社をどう舵取りするのか、まさに力量が試される場面です。ここでの動きが、そのまま会社の力として銀行で評価されるのです。このことを踏まえながら対応していくことが、融資に成功するために重要になります。

よい特徴

- まじめで会社のために自分を犠牲にできる
- 業績回復のために、地味な努力を継続できる
- 何事も学ぼうとする積極的な姿勢がある
- 社員のことを大切にする
- 几帳面で約束を必ず守る

〈具体的方法〉

- 何事もじっくり考えてから行動する
- 目先の課題を何としてもクリアしようと頑張る
- 自分のことを常に客観的に見ており、どうあるべきかを考えている
- 社員全員で日々頑張れば、業績は必ずよくなると信じている
- 「頑張る」という言葉をよく使う
- 人間的な裏表がない（場合によってはだまされやすい）
- 周囲から、「石橋を叩いても渡らないほど慎重」と言われる
- 他人に自分の弱みを見せることができ、周囲からの協力を得やすい
- 会社では現場を多く経験してきた
- 愛妻家である

残念な特徴

- リスクに敏感なあまり、必要以上に保守的になってしまう
- リーダーシップに乏しく、組織を動かすのが苦手
- 慎重に対応するあまり、革新的な行動がとれない

・中長期的視点で物事を見ることが苦手
・チャレンジより現状維持を好む
・人からの押しに弱い
・人脈が狭い
・長年の取引先には強く言えない
・どちらかというと控え目な性格で、おっとりしている
・口癖は「失敗したくない」
・飲み会の際には、一番先に登場する
・サスペンスドラマでは、なかなか犯人を当てられない

ケーススタディー

経営判断の遅れが融資失敗につながり事業が危機的状況に

Kさんは、昔ながらのネジメーカーの社長です。ちなみに、ネジのことを「鋲螺」（ビョウラ）と呼びます。下町の路地裏を歩くと、「○△鋲螺工業㈱」や「㈱□○鋲螺製作所」などの看板を見かけます。「鋲」は「画《が》鋲《びょう》」の鋲《びょう》です。「螺」は「螺《ら》旋《せん》」の螺《ら》です。つまり、螺《ら》旋《せん》のネジ目がある鋲《びょう》をネジと言うのです。

ネジは大半が人件費の安い海外で製造されて、国内メーカーは非常に厳しい業界環境にあります。Kさんの会社も同様で、海外の安いネジに押されて赤字を余儀なくされていました。

そんな中、主要取引先からの売掛金入金が遅れ、月末の資金残高がギリギリという局面に、慎重な性格のKさんは、銀行融資で支援してもらおうと銀行に相談に行きました。話を聞いた銀行マンの表情は険しいものでした。支払いが遅延する主要取引先は、実は銀行の別の取引先でもあり、倒産間近で支払不能に陥る可能性が高いことを知っていたのです。通常であれば、比較的容易に承認される融資でしたが、今回は状況が異なります。取引先からの売掛入金に疑念があるのです。

Kさんも銀行も頭を抱えました。資金ショートし支払不能の危機でした。結果的に、この時は親戚が一時的に用立ててくれて事なきを得ました。

慎重なKさんは今後の事業のあり方について考えました。アジアに海外進出して安い人件費で競争力をつけたり、海外進出した企業をM&Aで取得したり、いっそのことネジ業界から離れて業態変更したり、などなど。しかしながら、どの対応策も元手となる資金が必要で実現しそうもありません。

ここでKさんは気づきました。

「遅過ぎた。もっと早く対応すべきだった。もう身動きが取れない状況になってしまっている」

残念ながらその通りでした。数年前であれば会社の財務もまだ余裕があり、対応策を実現できたかもしれません。しかし現状では選択肢が残されていません。このような状況では、銀行融資はほとんど見込みがありません。

銀行融資も経営判断もタイミングを逸すると、取り返しがつかない状況になってしまう事例です。

平民タイプの行動プラン⓪……心構え

「平民タイプ」は、他のタイプよりさまざまな制約があります。これは、会社の業績財務が厳しいことが要因ですが、特に**「資金」**と**「時間」**が絶対的に不足しがち、「資金」名目の融資は、厳しい業績財務を理由に、銀行も容易に認めません。「時間」については、問題を先延ばしにする時間が残されていません。しかも将来を見据えた経営の舵取りを必要とします。タイミングを逃せば、可能なことも不可能になってしまうのです。

業績改善に必要な「資金」も、経営判断に必要な「時間」も、絶対的に不足する中で、経営者は社員とその家族を守る必要があります。それは中長期視点に立った経営判断と実行に移す経営戦略にかかっているのです。余裕はありませんが、逆に言えば行動次第でどうにでもなるのです。この心構えこそが、行動の前提となる、いわば行動プラン0（ゼロ）と心得ましょう。

平民タイプの行動プラン❶……

中長期視点に立った経営の舵取り

「平民タイプ」は、とにかく目先の課題対応に精一杯となり、短期的視野に陥りがちです。事情はわかりますが、短期的視野で経営をしている限り、現況からの脱却はできません。私自身、今までに数多くの「平民タイプ」の方々から相談を受けてきました。共通するのは、目先の課題をクリアするのに精一杯で、これからを考える余裕がないことです。経営は、会社の現状と将来を踏まえてなされるべきものです。目先の課題をクリアするだけでは、会社経営とは言えません。

「平民タイプ」は、中長期目線で会社経営をするとはどういうことかについてぜひ学んでください。そうすれば、目先の課題をクリアしつつ、どの方向に経営の舵取りをすべきかが見えてくるはずです。

平民タイプの行動プラン❷……決断はスピーディー、かつタイムリーに

「平民タイプ」は、時間的余裕をなかなか持っていません。厳しい経営状況から脱却するためには、将来的に進むべき方向を固め、あるべき姿に近づくための戦略をスピーディーに決断しなければなりません。なぜなら、時間の経過に従って会社の企業体力も消耗していき、対応できる選択肢が少なくなってしまうからです。しかしながらあせっても〝労多くして益少なし〟です。手遅れという局面でない限り、気づいたらすぐに動く。即断即決を心掛けましょう。

平民タイプの行動プラン❸……銀行とのコミュニケーションを頻繁にとる

「平民タイプ」は、他のタイプと比べて**圧倒的に銀行と接触する回数が少ない**のが特

徴です。資金繰りに余裕がなければ、急な資金需要の際に困るのは経営者自身です。業績財務がよくないため、銀行マンと面談したくないと思う気持ちもわかりますが、実際は最も接触を密にする必要があるのです。

銀行は多くの会社と取引をしています。同様の状態にある他社で、どのような対策を立て、どのように実行したか。またその際の注意点は何だったか、などの事例を豊富に持っています。生の情報を銀行から入手して、会社経営に活かしてください。

平民タイプの行動プラン④……日々危機感をもって対応する

最後の行動プランとして、あえて「日々危機感をもって対応する」ことを挙げました。数多くの「平民タイプ」の方々から相談をお受けする中で、私が感じたのがこのことだったからです。

「平民タイプ」は、現在の厳しい経営状態を、景気や外部環境のせいにして不平や不満を言う人が多く、自らを直視して原因を見出そうとする経営者が非常に少なかったというのが私の実感でもあります。

会社を存続させるために、必要な時間も資金も、それほど余裕はありません。ですから、毎日危機感をもって全力で戦ってほしいのです。そうすれば、必ず道は拓けてきます。目先の問題を解決しつつ、中長期目線で会社のあるべき姿に近づけるように戦略を立てて、日々着実に進捗させていく。これしかありません。

銀行は、経営者がどのように変身するかを見ています。場合によっては、そのために銀行ができる支援の選択肢を用意するでしょう。銀行を味方につけて、危機感を抱きつつ、真剣に本業と対峙してください。

「孫子の兵法」にこうあります。

「先《ま》ず勝《か》つべからざるをなして」

まずは負けないように鉄壁の守りを固めることが大切、という意味です。

これは、経営者に求められる姿勢と同様です。「攻めの経営」より、まずは「守りの経営」を整えること。そこに初めて勝機が生まれるのです。

第四章

定着篇

絶対失敗しない銀行との付き合い方

1

取引を拡大したい会社、拡大したくない会社

［孫子の言葉］

「百戦百勝《ひゃくせんひゃくしょう》は善《ぜん》の善《ぜん》なるものにあらず。戦《たたか》わずして人《ひと》の兵《へい》を屈《くっ》するは、善《ぜん》の善《ぜん》なるものなり」

〜100回戦って100回勝つことが最善ということではない。戦わずして勝つことが最善の策である

毎回苦労して銀行融資に成功するのは、本当の成功ではありません。本当の成功は、自社の強みを銀行に認識させ、融資をはじめとする全面的な支援をさせることです。

簡単に言えば、**「融資をはじめとしたビジネスの提案を、銀行が主体的にしてくる関係を築く」**ということです。

こう言うと、「規模も小さいし大した強みもないので、そんなこと無理でしょう」と反論の声が聞こえてきそうです。でも一度でも銀行融資に成功した会社なら無理な話ではありません。これは、**長年メガバンクで法人取引に携わってきた私が見てきた世界の話ですから間違いありません**。

銀行融資の成功は、その会社が銀行に認められて評価されたことを意味します。銀行が「この会社はダメだ」と判断したら融資はあり得ません。

評価されているということは、銀行から「是非借りてもらえませんか」と言わせる条件が整っていることと同義です。さらには、会社経営に必要な情報の提供やアドバイスなど、銀行に全面的な支援をさせる条件が整っているとも言えるのです。

銀行も商売ですから取引を拡大させなければなりません。要は、「この会社ともっと取引を拡大したい」、と思うような会社になればいいのです。

いったん銀行が「この会社と取引を拡大したい」と思えば情報提供やビジネス提案、

追加融資の提案は当然です。こうなれば銀行という大手コンサルタント会社と顧問契約をしたようなものです。しかも、顧問料は無料で、通常のコンサルタントより幅広い切り口で、具体的な事例を交えた有効な提案がなされるのです。企業診断のプロである銀行を、活用しない手はありません。

「孫子の兵法」に、

「善《よ》く敵《てき》を動《うご》かす者《もの》は、これに形《けい》すれば、敵必《てきかなら》ずこれに従《したが》い、これに予《あた》うれば、敵《てき》必《かなら》ずこれを取《と》る。利《り》を以《も》ってこれを動《うご》かし、卒《そつ》を以《も》ってこれを待《ま》つ」

とあります。

うまく敵を誘導する者が隙《すき》を見せると、敵は必ずそれに引っかかる。敵に利益を示せば、敵は必ず取りにくる。戦いの上手な者は、利益をもって敵を誘導し、待ち伏せして敵を攻撃するのである、という意味になります。

相手をうまく誘導し、効率的により大きな成果を得ることが大切であることを孫子の兵法は教えています。

銀行取引も同様で、あなたが主導権を握り、銀行をうまく活用して、銀行融資のほか、会社経営に関する総合提案を銀行にさせるように仕向けていきましょう。

ポイント

融資に成功することで満足せず、銀行に会社の強みを認識させ、全面的な支援を主体的にさせることが大切。

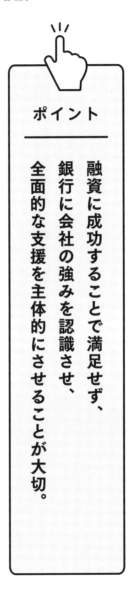

コラム

銀行マンが実際に、どのような会社と取引を拡大したいと考えるのか、逆にどんな会社と取引をしたくないと考えるのかを、銀行の立場に立って見ていきましょう。

【銀行マンの目のつけどころ／取引拡大をしたい会社】

☑財務的に企業信用度が高い会社

企業信用度が高い会社と言ってもイメージしにくいかもしれません。簡単に言えば、「格付が高い会社」のことです。

銀行では、融資取引がある会社から毎年決算書を受け入れ、格付を設定します。**格付は決算データを柱に、企業の信用度をランク付けするもの**です。銀行融資における審査のベースになります。つまり格付が悪ければ、融資のハードルが高くなるのです。格付がよいと銀行は、融資をはじめ取引の拡大を求めます。格付がよい会社には銀行が主体的に総合提案をしてくるのです。

「格付をよくしてもらおう」と考える経営者がいるかもしれませんが、格付の仕組みは、決算書のデータを解析して算出するため、簡単に説明することはできません。ＢＳでは自己資本が大きいこと。ＰＬでは利益が大きいこと。この2つのポイントが高いと総じて格付がよくなる傾向にあるとは言えるでしょう。

☑銀行が取引収益を上げやすい会社

銀行マンにはノルマが課されています。さまざまな項目がありますが、要は「収益をどれだけ積み上げるか」です。そのため、銀行マンは取引収益の見込めそうな会社を優先的に訪問し、主体的な提案をしようとするのです。

具体的には、**外為取引や資金運用、給与振込や総合振込の大半をやってくれるなどの会社**が該当します。逆に、融資金利にうるさく、手数料を強引に値引きしようとするなど銀行が収益を上げにくい会社には、銀行マンは近づかなくなるでしょう。

☑銀行の関連会社と取引がある会社

最近の銀行、特にメガバンクは、銀行単体で収益を上げるだけでなく、関連会社を含めた**グループ会社全体で収益をあげることを視野**に入れて動いています。銀行取引だけでなく、銀行の関連会社とも取引がある会社に、優先的に総合提案をしたがる傾向があります。

【銀行が取引拡大をしたくない会社】

☑貸出金利や各種手数料の引下げを強要してくる会社

貸出金利は、その会社の信用状況や担保有無、貸出期間など、その貸出リスクに応じて決定します。

「知り合いの会社は、うちの会社より借入金利が安いけど、どういうこと？　うちの会社の金利も下げてよ」

このように表面的な金利を比較して不満を言ってくる社長に、銀行マンは困っています。

業績財務もピカピカで、担保も銀行に十分に差し入れているなど、融資リスクが少ない会社であれば貸出金利が低いのは当然です。自社と他社で、そこまで比較をして違和感を感じたら、その時は銀行マンに相談してください。客観的な相違点があることに気づかれるでしょう。

銀行の各種手数料についても同様です。そこには常に客観的な根拠があります。気まぐれや強要でどうにかできるシステムでは、恣意的かつ個人的な取引がまかり通ることになり、結果顧客から信用を失うようなことを、銀行は決してしません。

☑自分の「お願い」はするが、銀行の「お願い」は聞かない会社

銀行に融資を依頼しながら、融資審査に必要な資料や情報をなかなか開示しないケースなど、こうしたケースはかなり多いと言えるでしょう。

銀行マンが、どんなに一生懸命にお客のために頑張ろうとしても、必要な資料や情報がなければ前に進みません。結局、時間だけが過ぎていき、両者が不幸になるだけです。

2 借りられるサイン、借りられないサイン

［孫子の言葉］

「鳥《とり》起《た》つは、伏《ふく》なり」

～鳥が飛び立つのは伏兵がいるということ。現象には必ず予兆がある。

銀行融資を受けられるのか、受けられないのか。つまり資金を借りられるのか、借りられないのか、何をどのように見て判断すればいいのか、という話をよく聞きます。

ここではそのサインの見分け方と対処法について、銀行マンの視点から解説します。

まず結論です。**銀行融資には、必ず予兆（サイン）があります。その予兆を把握し、事前に対処することで銀行融資の成功率は高まります**。

本業での赤字が何年も続いており今後も黒字化が見込めない会社。年間売上高に相当する総借入があり、毎月の返済が滞っている会社。資金繰りが常にタイトで、仕入先に支払期限の延長をお願いしている会社。

残念ながら、これらの会社への融資は難しいでしょう。その会社のビジネスモデルの強みを知らなくても、決算内容を細かく見なくても、社長の経営手腕を確認しなくても、残念ながら銀行融資に成功する確率は極めて低い。なぜ、すぐにそのようなことが言えるのでしょうか。

融資の審査にはポイントがあり、そのポイントを踏まえて会社の状況を確認すれば融資相談をしなくても結果はだいたいわかるからです。

銀行融資の審査のポイントについては、「銀行の融資審査のポイント」で説明しました。ここで再度確認してください（P57参照）。

「孫子の兵法」にこうあります。

「敵近《てきちか》くして静《しず》かなるは、その険《けん》を恃《たの》めばなり。遠《とお》くして戦《たたか》いを挑《いど》むは、人《ひと》の進《すす》むを

欲《ほっ》するなり。その居《お》る所《ところ》の易《い》なるは、利《り》なればなり」

敵が近くにいながら静まりかえっているのは、その占拠している地形の険しさを頼りにしているのである。敵が遠くにいながら挑戦してくるのは、こちらを進撃するように誘い出そうとしているのである。敵が平坦な場所にいるのは戦いを有利にする作戦を考えているのである、という意味になります。

どんなことにも予兆があります。その予兆を察知し、事前に対応することが、成功するために大切であると孫子は示しているのです。

ポイント

銀行融資の予兆を把握し、事前に対処することで銀行融資の成功率は高まる。

コラム

実際に借りられない会社の予兆について、銀行の立場に立って具体的に考えてみましょう。

【銀行マンの目のつけどころ／借りられない会社の予兆】

☑直接・間接を問わず反社会的勢力とつながりがある会社

これは、銀行審査の８項目にはありません。会社の信用度以前の問題です。反社会的勢力とのつながりが判明した時点で、どんなに業績財務ピカピカの会社であったとしても銀行融資はあり得ません。反社会的勢力と直接つながりがなくても、役員や顧問税理士、株主、主要取引先なども注意が必要です。

☑毎期赤字が続いており、黒字化の目途が立たない会社

このような会社は、資金繰りが逼迫《ひっぱく》しており、融資返済に懸念があることは誰が見てもわかります。融資しても返済できない会社に融資することは通常あり得ません。

この場合の対処法は、①ビジネスモデルの見直し、②販売価格や仕入価格の見直し、③経費削減などにより、まずは赤字脱却の計画を作ることから始めましょう。それができれば、実行あるのみです。ポイントは対処するプロセスの中で、銀行をいかに絡めるかです。銀行が関与することで黒字化への進捗状況を把握できることも利点と言えるでしょう。

☑資金繰りが管理できていない会社

資金繰り表を作っていなければ、「資金繰りを管理していない会社」と言われても仕方がありません。資金繰りの管理ができていない会社では、突然の資金ショートが発生します。その際、資金手当てができればいいのですが、できなければ会社は倒産します。当然銀行はこのような事態を回避しようとします。

この場合の対処法は、まずは資金繰り表を作成すること。次に定期的に資金繰り表を更新

し、資金繰りの状況をチェックしていく組織体制を構築することです。最初は大変かもしれませんが、慣れてくると会社の資金の流れが手に取るようにわかり、便利です。

☑情報開示に消極的な会社

銀行融資は、信用をベースとした取引です。そのため、お互いを知り尽くす必要があります。すなわち、相手の情報を可能な限り得て、その実態を把握することが必須になります。仮によく知らない人があなたに、お金を貸してほしい、と言ってきたらあなたは貸しますか？　きっと答えは「NO」でしょう。当然です。よく知らない、つまり信用できるかどうかわからない人にお金は貸せないでしょう。個人でもそうなのですから、銀行はもっと厳格です。信用できる相手にしか融資はできないのです。ですから、銀行に対して情報開示に消極的な会社は、その時点で銀行融資は難しいと考えたほうがいいでしょう。

この場合の対処法は、いたって簡単です。銀行を信用して、さまざまな情報を開示すること、それだけです。それがいやなら、銀行に融資の依頼をしないことです。

3 「社員に対する愛情」と「業績」、その密なる関係

［孫子の言葉］

「卒《そつ》を視《み》ること嬰児《えいじ》のごとし、故《ゆえ》にこれと深谿《しんけい》に赴《おもむ》くべし」

〜将軍が兵士を赤ん坊のように思い、接して気持ちが伝わると、兵士は将軍に従って、深い谷底のような危険なところにも行く。

会社経営の柱である社員と銀行融資の関係について、銀行の立場から見ていきましょう。あまり聞かない話だと思いますが重要な視点になります。

まず結論です。

経営者の目標は、社員とその家族を幸福にすること。その認識さえあれば、事業にも銀行融資にも成功するでしょう。

▼儲かっている会社なのに、社長の多額な役員報酬により、最終的に利益がわずか、もしくは若干の赤字を計上している会社

▼かなり利益を出しているのに、社員の給料が低く設定されている会社

▼業績が好調なのに、働く環境が劣悪な会社

いずれのケースでも社員は大きな不満を抱えているでしょう。こうした会社では、100％の力を発揮できません。しかも業績財務に如実に反映されるというのが面白いところ。気づいていない経営者も意外と多いのです。

このような会社が、熾烈な同業他社との競争に勝ち、成功することができるでしょうか。銀行融資を受け続けることができるでしょうか。このようなケースを数多く見てきましたが、その経験を踏まえると答えは「NO」です。**社員を幸せにできない会社は、事業にも銀行融資にも成功することはほとんどありません。**

なぜでしょうか。

社員の働き次第で業績はいくらでも変わるからです。銀行もこのことを知っており、経営者の社員への対応をよく見ています。社員もまた、経営者のことをよく見ています。

「あの社長のためなら、どんなに大変なことでも頑張ろう」と社員が考える会社か、「どうせ、社員のことを考えてくれない社長だ。最低限の仕事をすれば十分だ」と考える会社か。

前者であれば、社員が一致団結し、100％以上の力を発揮する可能性が高くなります。その結果は業績財務に反映され、銀行融資を受けやすい環境が整うことにつながります。後者であれば、社員のやる気は萎え、100％どころか、70％、50％、下手をすれば5割以下の力も発揮できないでしょう。業績は落ち込み、銀行も会社の業績悪化の根本的課題としてとらえ、融資も困難を極めるでしょう。会社を支えている社員が、不満を抱えてやる気にならなければ、事業も銀行融資も成功する道理がありません。残念なことに多くの経営者が、このことに気づいていないのです。

ここで社員に愛情をもって接する会社で、非常に印象深い会社を紹介します。

ケーススタディー

社長が社員へ愛情をもって接する幸せな会社

Mさんは、紳士服の裾上げや修理をする裁縫会社の社長です。裁縫は高度な裁縫技術を必要とします。この業界の特徴は、裁縫技術をもった年配の人が年々減り、一方で若い人はやりたがらず、結果的に深刻な人材不足にあることです。加えて裁縫技術の承継も問題となっています。

Mさんは、人材確保のためにベトナムの人材を活用しました。言葉は何とか通じますが、彼らが苦労なく生活できているのか、悩み事はないか、など考えれば考えるほどに不安や心配が大きくなっていきました。そこで社長自ら、ベトナム人社員に話しかけたり、一緒に食事やカラオケ、旅行に行ったり、積極的にかかわるようにしたのです。「社員は家族である」という信念を踏まえ、相手の気持ちを尊重し、真の愛情をもって接することに努めました。

ベトナム人の社員たちは、Mさんの愛情を受けて、「この社長のために頑張りたい」と思ったそうです。ベトナム人社員との良好な関係は、日本人の社員にも伝播し、会社全体が一丸となって仕事に没頭する日々が続きました。それは業績にも反映され、今までにない好調振りでした。Mさんは十分過ぎるほど給料やボーナスをアップして彼らに応えました。

ベトナム人の日本での永久的勤労は許されておらず、ベトナム人社員が母国に戻る日が近づきました。Mさんが、催した送別会で、あるベトナム人社員が手紙を読み上げました。Mさんへの感謝の気持ちが、そこには切々と綴られていました。

「日本で働いた日々は私の宝です。これからも私の日本のお父さんでいてください」

社長も、ほかの社員たちもみな涙しながら聞き入っていたそうです。

このことを知った銀行マンは、「Mさんが経営する会社とさらに取引を拡大したい」と本気で考えました。社員にここまで愛情をもって接することができる会社が、事業に成功しないわけがないと思ったからです。当然のことながら、Mさんの会社との取引と銀行融資は順調に推移し、業績も安定しています。

〈定着編〉

最後に付け加えると、愛情をもって接するとは甘やかせるのとは違います。社員の成長のために、時に厳しく接することも必要です。

「孫子の兵法」に、**「厚《あつ》くして使《つか》うこと能《あた》わず、愛《あい》して令《れい》すること能《あた》わず、乱《みだ》れて治《おさ》むること能《あた》わざれば」**とあります。手厚い待遇だけではいつか働かせることができなくなる。可愛がるだけでは言い聞かせることができなくなる。はめをはずさせるだけでは抑えられなくなる、という意味です。

表面的な愛情ではなく、本質的な愛情をもって接することをぜひ心がけてください。

ポイント

経営者の目標は、社員とその家族を幸福にすること。その認識さえあれば、事業にも銀行融資にも成功する。

4 誰も教えてくれない交渉の攻め時と引き際

［孫子の言葉］

「窮寇《きゅうこう》には迫《せま》ることなかれ」

～窮地に陥っている敵をさらに追えば、死に物狂いとなって逆襲されてしまう。

ここでは、「引き際」について、銀行の立場からお話ししたいと思います。これは、中長期的に銀行融資を検討する際、非常に重要な視点となります。

結論から言いましょう。

銀行が融資に消極的な時は理由があります。まずは、その理由を把握して、解決できるかを銀行と考えてみましょう。解決できなければ、いったん引くのも重要です。

誰しも銀行に融資相談をする際は、それなりの自信を持って臨みます。その際、銀行から予想外の消極的反応があると、「どうして！」と銀行マンに迫りたくなるでしょう。しかし、そのような感情的な対応は禁物です。なぜ、そのような対応が禁物なのでしょうか。

なぜなら、**銀行の融資審査は客観的評価に基づく組織的なもの**です。従って消極的な結論は、その要因が改善しない限り不変なのです。声を荒げ、感情的に迫っても、今後の融資に悪影響を与えるだけで無意味と言っていいでしょう。

以下、具体例で見てみましょう。

①「それはおかしい」と銀行マンを力でねじ伏せようと迫る

これは、絶対にやってはいけないこと。銀行の融資判断は、客観的評価に基づき、組織的に結論を出しています。従って、消極的結論が出たのは、多数の銀行マンが消極的結論に至る客観的要因を指摘しているのです。その要因を修正せずに、銀行マンを力でねじ伏せようと語気を荒げたり、文句を言っても結論は決して変わりません。

②銀行が決定したことなので、素直に受け入れる

これも非常にさみしい対応です。「そうですか。わかりました」と素直に消極的結論を受け入れる経営者の姿を見て、銀行マンは「この社長は、はじめから融資を期待していなかった。実は問題がある案件で、他行も同様に断ったかもしれない」と、変に疑うことになります。

③消極的回答の要因を確認し、解決策について銀行と相談する

これが正解です。銀行の消極的結論には、必ず要因があります。まずは、その要因を把握することです。そして、その要因を解消する解決策を銀行と一緒に考えるのです。ここでのポイントは、「銀行と一緒」という点です。これは、最終的に判断する銀行が解決策であるとしない限り、解決策にならないからです。つまり、**「銀行のものさし」で検討することが必要**なのです。

解決策がなかったり、あったとしても時間がかかり、今回の融資に間に合わないのであれば、引き下がるタイミングです。

なぜなら、**次の融資相談に向けて最善の環境を整えるため**です。消極的結論を修正する解決策がない以上、結論は不変。それなら、今回は潔くあきらめ、次回に向けて最善を尽くすのが得策。

実際に銀行が融資を見送る回答した時の、経営者の反応を事例として説明します。自分ならどう対応するか、想像しながら読んでみてください。

ケーススタディー

融資見送りの回答に感情的に反応、その結果は…

Nさんは、中華料理など飲食店経営の社長。飲食業界は、不採算店舗を廃店とし、好採算店舗を多数つくることができるかどうか、つまり「スクラップ・アンド・ビルド」がポイントで、銀行融資でもこの点を注視します。Nさんはこの点で優秀な経営者でした。

新規出店を計画したNさんは、早速銀行に融資相談に行きました。業績は順調に推移中で、また新規出店融資も過去に何度も成功しているため、今回も融資は承認されるはずと確信していました。

数日経って銀行から連絡がありました。回答は、予想外の「今回は見送らせてほしい」というものでした。動揺したNさんは、「納得がいかない」と感情的に迫ってしまいました。一方で、銀行マンも「今回の新規出店の事業計画は楽観的過ぎます。近隣飲食店のデータを参考にすると、採算はとれませんよ」と冷たい返答。担当者の態度にますます感情的になったNさんは、

「俺を誰だと思っているんだ！　融資を断るなら、こっちにも考えがある！」

と他のお客がいるのに、銀行中に響く大声で怒鳴り散らしてしまいました。

結局、副支店長が、担当者の未熟な対応をお詫びすることで、その場はおさまりました。しかし、当然ながら融資見送りの結果が、騒いだことで変わる訳ではありません。逆に、銀行でのNさんのイメージと評価はガタ落ちです。

以降、銀行との関係がギクシャクし、取引も自然と消滅していったのでした。

「孫子の兵法」にこうあります。

「戦道《いくさみち》必《かなら》ず勝《か》たば、主《しゅ》は戦《たたか》うなかれと曰《い》うとも必《かなら》ず戦《たたか》いて可《か》なり。戦道《いくさみち》勝《か》たずんば、主《しゅ》は必《かなら》ず戦《たたか》えと曰《い》うとも戦《たたか》うなくして可《か》なり」

戦の道理として勝ち目があれば、君主が戦いを避けよと命じても戦ってよい。戦の道理として勝ち目がなければ、君主が戦えと命じても戦わなくてよい、という意味です。

どんな状況でも感情的にならず戦略的に判断し、引くべきは潔く引け、と教えてくれているのではないでしょうか。

ポイント

銀行が融資に消極的な時は、その理由を把握して、解決できるかどうかを銀行と一緒に考えよう。次回以降の融資のためには引くことも必要。

5 同業他社との協力なくして会社の成長はない

［孫子の言葉］

「それ呉人《ごひと》と越人《えつひと》と相悪《あいにく》むも、その舟《ふね》を同《おな》じくして済《わた》り風《かぜ》に遇《あ》うに当《あた》りては、その相救《あいすく》うや左右《さゆう》の手《て》のごとし」

～そもそも呉の人と越の人は、互いに憎しみ合う仲であるが、同じ舟に乗り合わせて、川を渡る途中で大風に遇った場合、左右の手のように協力して助け合うものである。

厳しい業界環境にあって、いかにすれば会社を成長させることができるのか。ここでのテーマは「同業他社との協力」です。まずは銀行の評価基準から見ていきましょう。

業績財務強化のためなら、同業他社に学び、協力関係を構築する姿勢が必要です。その姿勢を銀行は評価します。

最近では、どの業界も同業他社との熾烈な争いの中で、存続をかけたサバイバル競争を余儀なくされています。この中で業績を伸ばすのは、至難の業と言っていいでしょう。

一方で、「業績財務の強化」は融資審査の重要ポイント。業績財務が弱いと、「銀行の融資審査のポイント」にある8項目のほとんどの評価が「良好」水準になりません。

業績財務強化のためとはいえ、同業他社との協力を検討することに抵抗のある経営者も多いでしょう。しかし、熾烈な生き残り競争の世界では、1社単独の対応に限界があります。従来のやり方の踏襲で業績財務の強化は簡単ではありません。あらゆる業界が大変革の大波にさらされている時代なのです。

たとえば、**斬新なアイデアを出そうとしても会社のカルチャーが邪魔してうまくいかないということはないでしょうか。これを解消するのが他社との協力です。自社の常識は他社では非常識。それを認識するためにも必要不可欠**と言えるのではないでしょうか。

銀行は、こうした**あくなき成長に挑む会社を高く評価**します。そしてさまざまな角度から支援をしたいと考えるのです。

謙虚に他社に学び、発展を遂げた事例を紹介します。

ケーススタディー

閉鎖的な業界で他社と協力関係を模索して成功

Oさんは、グループ全体で600床を超える総合病院の事務長です。理事長は医者なので、病院経営は実質Oさんに一任されています。

病院業界は、実は非常に閉鎖的かつ保守的な世界です。経営者の立場からすれば、

〈定着編〉

プライドが高い「医者」をコントロールするという高度なマネジメント力が必要とされるところなのです。

日頃から病院事務の非効率を問題視していたOさんは、ライバル病院Bに、自社の問題点を説明し、改善のためにB病院の院内見学をお願いしました。病院内部を開示することになる院内見学は断られる可能性が高いのではと不安でしたが、「患者さんの満足度が高い病院に変革したい」というOさんの情熱もあって実現の運びに。

実際に院内見学をすると発見の連続でした。病院のあるべき姿もはっきりと見えてきました。その後、具体的なアクションプランも策定。あとは、組織全体を巻き込んで、目標に向けて進めばいいだけです。

他の病院のデータと比較し、ライバル病院に負けない立派な病院にするべくOさんはあれこれ手を尽くしてきましたが、本当の競争相手は他の病院ではなく、実は自分の病院であることに気づいたのでした。

ライバル病院とは協力し合う。

患者さんに最高の医療を届ける。

今回の院内見学を参考に新アクションプランの策定にかかわったことで、Oさんはまったく新しい視点を持つことができたのでした。
病院改革は、現在も続いています。そして、驚くことに医療収入が、毎期右肩上がりで増えているといいます。銀行はこの病院と取引を拡大したいと、有効情報の提供や提案を続けています。

中小企業の会社経営は経営資源も限られ、困難な対応を強いられる場面が多いと言えます。しかし、同業他社と協力することで、実態的な経営資源も増え、ビジネスチャンスも増える。自社では把握できなかった独自の問題点や課題の解決策が見つかることもあるのです。

「それ呉人《ごひと》と越人《えつひと》と相悪《あいにく》むも、その舟《ふね》を同《おな》じくして済《わた》り風《かぜ》に遇《あ》うに当《あた》りては、その相《あい》救《すく》うや左右《さゆう》の手《て》のごとし」

孫子のこの言葉から、四字熟語である**「呉越同舟」**が誕生しました。困難な状況下であれば、ライバル同士が協力し合って、困難を乗り越えることが大切である、と教えているのです。

ポイント

業績財務強化のためには、同業他社に学び、協力関係を検討する姿勢が必要。それを銀行も評価する。

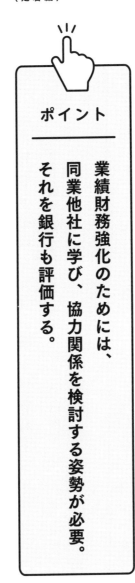

7 銀行融資は申し込みのタイミングが9割

［孫子の言葉］

「主《しゅ》は怒《いか》りを以《も》って師《し》を興《おこ》すべからず」

～大きな犠牲を払う戦さを、怒りや憤りなどの感情で軽々しくすべきではない。

本節は**「資金繰り管理の重要性と銀行への融資申込みのタイミング」**がテーマです。

中小企業経営者にとって大きな悩みとなる融資申込みのタイミング。経営にかかわる大きな悩みのひとつですから、なかなか他人には聞けない話でしょう。

それでは、適切な融資申し込みは、どのタイミングで行うのが最適なのでしょうか。

結論から言いましょう。

資金が不足してから銀行融資を申込むのはNG。資金繰り管理と銀行融資は、計画的かつ戦略的に進めるもので、決して情緒的に対応してはいけません。

社長から急遽連絡があり、「明日資金が必要なので貸してほしい」という依頼を、私も受けたことがあります。取引先であれば、当然、銀行マンは最善を尽くすのですが、本音ベースでは、

「この会社は、大丈夫だろうか？　資金繰り管理ができていないなんて危険だな」

と考えるでしょう。もちろん今後の融資審査は間違いなく厳しくなります。このケースの**最大の問題は、「急に融資のお願いをしたこと」ではなく、「急に融資のお願いをしなければならなくなった管理体制」**なのです。

なぜ実際に資金が不足してから銀行融資を申込んではいけないのでしょうか。

資金繰り管理は、計画的かつ戦略的に進めなくてはなりません。本来、急な資金不足はあってはならないのです。**資金は会社の血液**です。資金不足は会社の死に直結し

ます。万が一にもそのような事態にならないよう、資金繰り管理を徹底する必要があるのです。

「黒字倒産」という言葉を聞いたことがあると思います。**「利益をしっかり出していても、資金が滞れば会社はすぐに倒産してしまう」**ということです。このようにならないためにも、資金繰り管理を徹底し、資金不足の可能性があれば、早めに銀行に相談をして資金調達の準備をするべきなのです。

☑資金繰り表を作成する

まずは「資金繰り表」を作成し現状を確認しましょう。ネットで検索すれば資金繰り表のフォーマットがたくさん見つかるでしょう。

☑資金繰り表の社内共有

資金繰り状況は社長が独占していても無意味です。社員全員は無理でも、総務や経理など関連作業域の社員には、資金繰り表を見せて問題意識を共有しましょう。

☑資金繰り表は銀行に定期的に提出する

資金繰り表を銀行に提出すれば、銀行と資金繰り状況を共有できます。場合によっては銀行から資金繰り安定のための融資提案が期待できます。自社と銀行とで資金繰り管理をすれば鬼に金棒です。

ケーススタディー

資金繰り管理で見事に業績が改善

Rさんは、主に公共工事をする建築工事業者の社長です。公共工事は、行政が工事代金を支払うため、売掛金の回収懸念はありません。一方で回収期間が長いことも特徴で、資金繰りを圧迫しがちです。つまり**受注が増えれば増えるほど資金繰りが厳しくなる**という業界特性があるのです。

資金繰りの認識が甘いRさんは、売上増加のために受注を大幅に増やしていきました。当然、増加運転資金（人件費などの立替資金の増加分）が発生しますが、Rさんにはその認識があまりなく、資金不足の事態に陥り銀行に融資を相談をしたのでした。

Rさんが資金繰り表すら作成せず、資金繰り管理ができていないことに銀行は危機感を募らせました。そして、Rさんと財務担当に、資金繰りの重要性と資金繰り表の作成方法を教えました。Rさんはここでようやく、受注によって資金繰りがタイトになることを理解したのです。

「受注を増やすことも大切だが、その先の資金繰り状況まで管理してはじめて会社経営は成り立つ」とRさんは気づいたのでした。

資金繰り表を作成し、銀行にも提出するようになり、銀行からさまざまな提案やアドバイスをもらえるようになりました。何より社員が、自社の資金の流れに関心を持つようになったのです。以降、会社は順調に成長し、数年後には見違えるような強い財務状況の会社に変身しました。

〈定着編〉

「孫子の兵法」にこうあります。

「いまだ戦《たた》わずして廟算《びょうさん》勝《か》つ者《もの》は、算《さん》を得《え》ること多《おお》ければなり。いまだ戦《たたか》わずして廟《びょう》算勝《さんか》たざる者《もの》は、算《さん》を得《え》ること少《すく》なければなり」

廟算とは作戦会議のこと。廟は祖先を祀る霊廟のことで、古代、戦の前には祖先の前で戦略を練ることが当たり前でした。つまり、戦の前の綿密な作戦会議なくして、戦には勝てないということです。

勝負は戦前に決定しています。資金繰り管理も同様で、日頃の管理を徹底していれば、実際に資金が不足する事態など生じません。

ポイント

資金繰り管理は、計画的・戦略的に進める。資金が不足してから銀行融資を申込むのは恥と心得るべき。

7 時間と労力をかけたリサーチこそ融資成功の近道

［孫子の言葉］

「百金《ひゃっきん》を愛《お》しみで敵《てき》の情《じょう》を知《し》らざる者《もの》は、不仁《ふじん》の至《いた》りなり」

～敵の情を知るには、人材や金銭を惜しんではいけない。最大のコストを払うべきである。

ここでのテーマは「リサーチ」です。そもそもリサーチとは何でしょうか。そしてなぜリサーチが重要なのでしょうか。

〈定着編〉

結論から見ていきましょう。

自社の成長のため、業界動向や同業他社分析など常に最新の有益情報をリサーチし経営に活かすことが大切。これを怠ると時代に取り残され、銀行から相手にされなくなる事態も起こり得ます。

何度も述べてきましたが、時代は大変革期で、もの凄いスピードであらゆる物事が変化しています。従来のやり方を単純に継続するだけで事業が安泰という業界など皆無と言っていいでしょう。

新商品も、数カ月も経てば時代遅れとして売れなくなるご時世です。変化しないことは自殺行為に他なりません。承継すべきこと、承継すべきではないことを明確にし、時代に合った方法を取り入れながら会社を成長させていく必要があるのです。

そのためには、最新の動向を知るリサーチが必要不可欠です。

私は、その**リサーチの情報源として、銀行をうまく活用すべき**だと考えています。

銀行には、あらゆる情報が蓄積されています。当然、業界動向や全国の同業他社情報も豊富にストックされています。

「銀行は融資をするところ」と先入観をもたず、**「経営全般の有益情報を提供するところ」**と、**頭を切り替えてアプローチ**してみましょう。手前味噌に聞こえるかもしれませんが、どんな業態の経営者にも、新しい発見があるはずです。つまり、**銀行を利用する、**という考えをもって行動したほうが得策なのです。

「孫子の兵法」にこうあります。

「諸侯《しょこう》の謀《はかりごと》を知《し》らざる者《もの》は、予《あらか》め交《まじ》わること能《あた》わず。山林《さんりん》、険阻《けんそ》、沮沢《そたく》の形《けい》を知《し》らざる者《もの》は、軍《ぐん》を行《や》ること能《あた》わず。郷導《きょうどう》を用《もち》いざる者《もの》は、地《ち》の利《り》を得《え》ること能《あた》わず」

諸侯たちの腹の内や謀略を知らなければ、あらかじめ親交を結んだり、同盟したりすることもできない。山林や険しい地形、沼地などの様子を知らなければ、軍隊を進めることもできない。地元の道案内を使わないのでは、地形の利益をうまく味方にすることができない、という意味になります。

正しい情報を知り、活用することができない者は成功しない、つまりリサーチの重要性を教えているのです。

ポイント

業界動向や同業他社分析など常に最新の有益情報を取得しよう。怠ると時代に取り残され、銀行からも相手にされなくなる。

コラム

銀行融資に関して、どのような情報をリサーチしておけばいいかを具体的にお伝えします。「融資審査の際に必要としている情報」が一目瞭然です。

【銀行マンの目のつけどころ／有効情報リサーチ】

☑業界動向

経営者は自社の業態や近接する業界のいわばプロ。自分たちが一番情報を持っていると思いがちです。しかし改めてリサーチしてみてください。異なる視点で、業界動向を指摘している情報が必ず出てきます。客観的に情報に接することで新発見があるかもしれません。

☑自社の業界内ポジション

会社の業界内規模は何位でしょうか。業界全体に占めるシェアは？　最低でも業界のトップ10は、会社名とシェアを把握しておきましょう。

☑同業他社情報

同業他社、特にライバル企業の情報は非常に有益です。同業他社と比較することで、会社の強みと弱みが浮き彫りになるからです。課題とあるべき姿も見えてくるでしょう。

☑販売先情報

販売先情報は、売上に直結する重要情報です。主要販売先の経営戦略や事業戦略を把握することで、自社の進むべき道が明確になります。与信管理上も必要不可欠な情報です。

☑仕入先情報

仕入先の経営戦略次第で、安定仕入の可否も変わってきます。また、仕入先の倒産による仕入難を回避するためにも、主要仕入先の信用情報を定期的にリサーチしましょう。

☑自社の強みと弱み

自社の強みと弱みをはっきり答えられる経営者は、実は多くありません。ずばり、少ないと言っていいでしょう。これを把握していなければ、今後の経営戦略も立てられません。強みは伸ばし、弱みは少しづつ減少させる。これが会社を成長させるために必要不可欠です。

8 優れた経営者は銀行側のリスクも考える

［孫子の言葉］

「智者《ちしゃ》の慮《りょ》は必《かなら》ず利害《りがい》に雑《まじ》う」

～物事を利益と損失の両面から考えることが大切。両者の利益と損失を考えるバランスと客観的判断が必要。

テーマは、「自社と銀行との利益と損失のバランス」です。先にも触れましたが、銀行と末永い取引をしていくためにも、知っておくべき視点です。

優れた経営者は、自社の利益だけを主張しません。特に取引では、自社の利益は相手の損失になり得ますので、両者の利益と損失のバランスを考えることが大切です。

銀行融資の貸出金利が低ければ会社の利益は増えますが、その分だけ銀行の利益は損なわれます。つまり、取引においては、一方の利益が大きくなると、もう一方の利益は小さくなってしまうのです。それでは、なぜ両者の利益と損失のバランスを考えることが大切なのでしょうか？

利益だけを追求したアンバランスな状況であれば、取引は長く続かず、やがて縮小し最終的には取引解消に至ります。どちらか一方が無理をしているからです。

取引は原則として対等な立場で、お互いに満足のいく条件で成立させることが大切です。これを当たり前と思われるか、そうでないと思われるかで、自社を取り巻く現状のリスクも明確になるのではないでしょうか。

自社さえよければ相手はどうなってもいい、という考えでは、取引は続かないのです。

ケーススタディー

「自分さえよければ」で取引解消の不測の事態

Sさんは、トイレタリー商品の中堅卸売会社の経営者です。業績財務は良好で、各銀行が取引拡大を図り、日参している状況でした。各銀行が競って低金利で融資提案をする中、主力のA銀行が一番安い金利を提案し、Sさんは借入することを決めました。

A銀行での融資契約の直前、「B銀行から、A銀行以下の金利で融資提案を受けた。B銀行での融資も面倒なので、その分金利を下げてほしい」とSさんから話がありました。

A銀行にとってB銀行に案件を奪われるのは屈辱です。不本意ながら金利を特別に下げました。結局Sさんは、無理を言ってA銀行から破格の低金利で、融資を受けることに成功したのでした。

Sさんの無茶振りは止まりませんでした。

銀行取引すべてに対し、各銀行を競わせ、自社にとって一番利益が最大となる状況を目指しました。中長期的視点に気づかず、目先の利益の極大化のみをあらゆる手段を活用し追求。取引ごとに条件が一番いい銀行を選別して取引を始めた結果、Sさんの会社の銀行取引は、さまざまな銀行に分散されてしまいました。

主力行であったA銀行は面白いわけがありません。やがてSさんとの取引収益は赤字に近い状態に陥り、A銀行は取引の縮小を検討。最終的にSさんとの取引はなくなりました。そして、長年の主力行だったA銀行との取引解消に不信感を抱いた他の銀行も、やがて競って取引縮小に動き始めたのです。

今後何かあった場合に、Sさんはどこの銀行に頼るのでしょうか。

「孫子の兵法」にこうあります。

「利《り》に雑《まじ》えて、而《しか》して務《つと》め信《の》ぶべきなり。害《がい》に雑《まじ》えて、而《しか》して患《うれ》い解《と》くべきなり」

利と見られることにも害となる側面を交えて考慮するなら、事業はきっと達成されよう。害と見られることにも利となる側面を交えて考えるなら、憂患から解放されるだろう、という意味になります。

「物事の本質は利害が混在していて一方に偏ってはいけない」と諭しているのです。

ポイント

取引では自社の利益は相手の損失につながる。自社と銀行、両者の利益と損失のバランスを考えることが重要。

9 いくら頼まれても必要のない資金は借りるべからず

［孫子の言葉］
「善《よ》く戦《たたか》う者《もの》は、人《ひと》を致《いた》して人《ひと》に致《いた》されず」
～戦い上手な者は自分が主導権を握り、相手に翻弄されることがない。

ここでは、多くの人が悩んでいる、**「銀行と良好な関係を築くために、銀行からのお願いをどこまで聞くか」**、についてお伝えしたいと思います。銀行と取引をしている経営者なら誰しも悩んだことがある問題でしょう。

銀行融資は必要な資金を借りるものです。不要な資金を借りるべきではありません。

うまく銀行をコントロールして、有効活用をしても、銀行に活用されてはいけないのです。

本来、銀行取引において、会社と銀行は対等な関係です。気まずい関係になることを気にするあまり、銀行からの依頼を受けて不要な借入をすると、財務内容、特にＢＳ（貸借対照表）を痛めることになります。これで真の資金需要の際に融資審査が通らないなどということが万が一にもあれば、それこそ問題です。

別の角度で考えてみましょう。銀行のお願いを聞くことで、その後の融資審査が甘くなるかと言えば、そんなことは絶対にありません。融資は相談があった時点の会社の状況を精査分析し、客観的かつ理論的に審査を進め、結論を出すだけなのです。

銀行のお願いを聞くことで、その後の銀行取引に影響があることは一切ありません。銀行取引は、お互いに無理があっては、長く続きません。「今回はごめんなさい」と本音で言える関係を、銀行とぜひ作ってほしいと思います。

ケーススタディー

いくら銀行のお願いを聞いてもダメなものはダメ！

Tさんは、不動産売買業を営む中小企業の社長です。資金調達力の有無が生き残るための生命線、というのがこの業界の特徴です。Tさんは日頃から銀行との関係には、特に気を付けていました。銀行からのお願いに対しては、無理をしてもほぼ対応。関係も良好でした。

「自分が困った時には、銀行が助けてくれる」Tさんはそう信じていたのです。新たな不動産仕入資金の融資相談に行った時のことでした。融資はすぐにおりるものだと何の疑いもなく確信していました。

数日後、「融資を見送りたい」という予想外の連絡が入りました。裏切られた気持ちのTさんは我慢できず、銀行マンにかみつきましたが、結論が変わることはありませんでした。

「銀行の融資審査は、客観的な根拠をもって組織的に進めます。今回は担保が不足しているので支援はできません」

つれない銀行の返事に、Tさんは気がつきました。銀行のお願いを聞けば融資審査が有利になるなんてただの思い込みだったのだと。

以降、Tさんが銀行のお願いを聞くことはなくなりました。銀行との取引は、冷静な無理のない形で進めるようにしたのです。

「できないことはできない」と本音で言える関係の構築が、銀行との取引で重要であることを融資の失敗から学んだのでした。

銀行をうまくコントロールして、有効活用をしても、利用されてはいけません。貸す側、借りる側どちらであっても、取引自体は対等です。銀行に一方的に主導権を握られることは、最終的に不幸な関係を招来させます。

まさに**「善く戦う者は、人を致して人に致されず」**です。

〈定着編〉

ポイント

銀行融資は必要な資金を借りるもので、不要な資金を借りるべきではない。決して銀行に利用されてはいけない。

10 誠意と信頼なくして融資の成功はない

［孫子の言葉］

「兵《へい》は詭道《きどう》なり」

～戦いは、敵と味方の騙し合い。

本書の締めくくりに相応しい、銀行との信頼関係についてお伝えします。失敗事例から見ていきましょう。「これ」は銀行に伝えなくてよいと自分勝手な判断により信頼関係を失い、銀行から相手にされなくなった残念な事例です。

ケーススタディー

情報開示なしで融資も信用もあるべからず

Uさんは、都内近郊で保育園を経営する社長です。この業界の特徴は、旺盛な保育需要があることに加え、認可保育園であれば行政から毎月一定の入金があり、業況のブレが少ないことです。

Uさんの保育園も業績財務は良好で、新たな保育園の立ち上げを計画しました。そこでUさんは、銀行に融資相談をしました。

Uさんが融資審査のために銀行に提出した決算書は、BSとPLだけで、付属明細などはありませんでした。決算書一式の提出を依頼されてもUさんは「これで十分でしょ。さっさと審査を進めてよ」と答える始末。結局、決算書の付属明細などを銀行に開示せず、加えて銀行から依頼された追加資料の開示も、面倒だと断りました。

間もなくして、銀行から「融資を見送りたい」という回答がありました。理由は、Uさんが新たに保育園を立ち上げるエリアは、既に複数の保育園があり、事業として難航が予想されるためでした（実はUさんも認識はありましたが銀行には伏せていました）。

Uさんは、態度を180度変えて、「資料はすべて提出するので、再度審査をしてほしい」と懇願しましたが、時すでに遅しです。

「何とか融資しようとしてくれたのに、なぜ信頼して資料を提出しなかったのか」とUさんは後悔しきりでした。

銀行はあなたの味方であり、銀行融資において騙し合いは不要です。逆に銀行を信頼して誠意をもって対応することで、最高の結果を生むことになるのです。

銀行に融資相談する際、誰もが銀行の評価を少しでもよくしようと、アピールポイントをなるべく多く伝えようとします。逆に、自社のマイナス面はなるべく伏せておきたいと思うのが、正直な気持ちでしょう。

これも先述してきましたが、銀行には自社のありのままの姿を伝えてください。飾らず等身大の姿を見せればいいのです。銀行を信頼して、誠意をもって対応することが融資成功への一番の近道です。

そんなふわふわした話など信じられないという声が聞こえてきそうですね。

たとえば**自社のマイナス情報を隠そうとしても、銀行は企業診断のプロですからすぐに見抜きます。情報を隠したり、改ざんして騙そうとしたりすれば、銀行との信頼は失なわれます。最初から銀行を信頼して、誠意をもってすべてを話してください。**話したくないことをあえて話してくれたという、その姿勢を銀行は大きく評価するでしょう。そこに従来以上の信頼関係が生まれるでしょう。

銀行融資はどこまでいっても信頼関係がベースです。融資取引のためには銀行との信頼関係を構築することが前提です。

銀行融資に騙し合いなど不要です。審査の結果、残念ながら融資失敗という結果も時にはあるかもしれません。その場合でも、銀行マンは誠実に最後まで、何とか融資ができないかと検討した結果なのです。

「孫子の兵法」に、**「およそ兵《へい》を用《もち》うるの法《ほう》は、国《くに》を全《まっと》うするを上《じょう》となし、国《くに》を破《やぶ》るはこれに次《つ》ぐ」**とあります。

およそ戦争のあり方は、敵と戦わず敵の国力を保全したまま勝つのが最もよく、敵国と戦いこれを打ち破るのはこれに次ぐものである、という意味になります。

孫子の兵法は、**敵と戦わずして勝つのがベストである**と数えています。

銀行融資も同じです。

銀行を打ち負かしても意味がありません。銀行と信頼関係を構築し、誠意をもって対応する。そして、説明してきたノウハウを駆使して交渉する。これが、「戦わずして勝つ」という、地味ですが着実な銀行融資を勝ち取る方法なのです。

ポイント

銀行は中小企業の味方
信頼と誠意をもった対応が、
「融資成功」という最高の結果を生む。

あとがき

最後まで読んでいただき、ありがとうございます。

約30年にわたるメガバンクでの経験で、私は1000社以上の融資案件を審査し、その都度経営者の方々と本音で対峙してきました。残念ながら、審査の結果、融資実行に至らないケースもありましたが、その大半のケースがしっかり戦略を持って対策を立て、しかるべき準備をしていれば、結果が変わったであろうと思えるものでした。

銀行融資に際して、どのような準備をすればいいかという情報がこれまで公にされることはありませんでした。無防備に融資相談に乗り込めば玉砕は必定。「銀行融資は難しい」と、全国の中小企業の経営者のみなさんが悩むのも当然です。

本書をお読みいただければ、銀行融資は決して難しいことではないのだと理解できたのではないでしょうか。融資審査の考え方を理解した上で、各々の状況に応じた対策・準備を行えばよいだけなのです。

マイナス金利時代になり、銀行をとりまく外部環境は、過去最悪と言えるほど悪化しています。その中で、銀行も生き残りをかけて、銀行業務の柱である融資取引を増やそうと必死です。従って、銀行の考え方を理解した上で、しかるべき事前準備を行い、銀行融資に臨めば、高い確率で期待する結果を得られるのです。

本書に従い、銀行融資に成功し、さらには銀行を味方につけて皆さんの会社をさらなる成長・発展へと導いてください。そしてぜひ、みなさんのチャレンジ結果をメールなどで報告してください。すべてにご返信することはできないかもしれませんが必ず読ませていただきます。

◆メールはこちらにお願いします。
info@miyagawa-consul.info

「銀行は中小企業経営者の敵ではなく、味方です」

これが私が本書で伝えたい一番のメッセージです。

みなさまのさらなるご活躍を祈念致しております。

なお、孫子の言葉の表記については、『孫子の兵法』(守屋洋 三笠書房)を参照させていただきました。

最後に、謝辞を。家で原稿を書く私を陰ながら見守り応援してくれた妻と2人の子どもたちには本当に感謝しています。ありがとう。

また、株式会社プレスコンサルティングの樺木宏氏、株式会社実務教育出版の松原健一氏にさまざまな角度からご助言を頂きました。お2人なくして、本書の完成はありませんでした。記して深謝の意を伝えたいと思います。誠にありがとうございました。

宮川 大輝

2020年3月

著者紹介

宮川大輝（みやがわ　だいき）

1968年生まれ。一橋大学経済学部卒業後、メガバンクに入行。約30年にわたる銀行勤務で、既存債務者融資、法人新規融資、外国為替融資、リストラ融資など法人取引部門を網羅的に経験。融資審査件数は1千件を超え、経営者とはその都度本音ベースで対峙してきた。
多くの中小企業経営者が悩む銀行融資を、中小企業と銀行の両者の立場からアプローチ。両者の目線の相違から生じる難航融資を、その個別対策とともにわかりやすく指導。その中小企業の立場に立った銀行攻略法には定評がある。

公式サイト　http://www.miyagawa-consul.info（読者プレゼントあり！）
Mail info@miyagawa-consul.info

装幀　三枝未央
編集協力　樺木宏（プレスコンサルティング）
Office Yuki
編集　松原健一

銀行融資《ぎんこうゆうし》は「戦略《せんりゃく》」が９割《わり》！

2020年 4月 5日　初版第1刷発行

著　者　宮川 大輝
発行者　小山 隆之
発行所　**株式会社実務教育出版**
163-8671 東京都新宿区新宿 1-1-12
電話　03-3355-1812（編集）　03-3355-1951（販売）
振替　00160-0-78270

DTP　キャップス
印刷所　壮光舎印刷
製本所　東京美術紙工

ISBN978-4-7889-2148-1 C0034